幼儿园快乐健身操

分司厅幼儿园 付春香 ◎ 主编

知识产权出版社
全国百佳图书出版单位

图书在版编目（CIP）数据

幼儿园快乐健身操/付春香主编.—北京：知识产权出版社，2017.10

ISBN 978-7-5130-5070-8

Ⅰ.①幼… Ⅱ.①付… Ⅲ.①体操—学前教育—教学参考资料 Ⅳ.①G613.7

中国版本图书馆 CIP 数据核字（2017）第 194667 号

内容提要

本书介绍了 18 套幼儿园快乐健身操，包含了分步骤演示图和详细讲解，注重游戏性和幼儿的参与性。教师在创编过程中更体现了操节的民俗特色，在编排上教师们遵循幼儿运动的抛物线原则，从时间要素、材料要素、动作要素、运动量要素等方面科学安排操节程序，使本书成为幼儿教育机构在体育教育方面很好的参考书籍。

责任编辑：刘琳琳　　　　　　　　　　责任出版：刘译文
封面设计：邵建文

幼儿园快乐健身操

分司厅幼儿园　付春香　主编

出版发行：知识产权出版社有限责任公司	网　　址：http://www.ipph.cn
社　　址：北京市海淀区气象路 50 号院	邮　　编：100081
责编电话：010-82000860 转 8390	责编邮箱：susan-lin886@sohu.com
发行电话：010-82000860 转 8101/8102	发行传真：010-82000893/82005070/82000270
印　　刷：北京嘉恒彩色印刷有限责任公司	经　　销：各大网上书店、新华书店及相关专业书店
开　　本：787mm×1092mm　1/16	印　　张：17.25
版　　次：2017 年 10 月第 1 版	印　　次：2017 年 10 月第 1 次印刷
字　　数：250 千字	定　　价：42.00 元

ISBN 978-7-5130-5070-8

出版权专有　　侵权必究

如有印装质量问题，本社负责调换。

目　录

小班

01　笑脸花操　　　　　　　　　3

02　手铃操　　　　　　　　　21

03　手环操　　　　　　　　　37

04　拨浪鼓操　　　　　　　　50

05　河蚌操　　　　　　　　　62

06　圈　操　　　　　　　　　80

中班

01　灯笼操　　　　　　　　　95

02　扇子操　　　　　　　　　110

03　金箍棒操　　　　　　　　121

04　毽子操　　　　　　　　　132

05　椅子操　　　　　　　　　145

大班

01	京剧脸谱旗操	163
02	筷子操	176
03	红绸操	189
04	圈　操	207
05	幼儿形体操	225
06	篮球操	241
07	中国结操	255

小班

01 笑脸花操

准备材料：音乐《小宇宙》、笑脸花

编写教师：史少云

适应年龄：3～4岁幼儿

一、预备动作 6×8拍

第一、二八拍动作：

动作方法

蹲下用花挡住脸。

第三至六八拍动作：

动作方法

蹲下用花挡住脸,上半身左右晃动。

二、基本部分

第一节 头部运动 4×8拍

第一八拍动作:

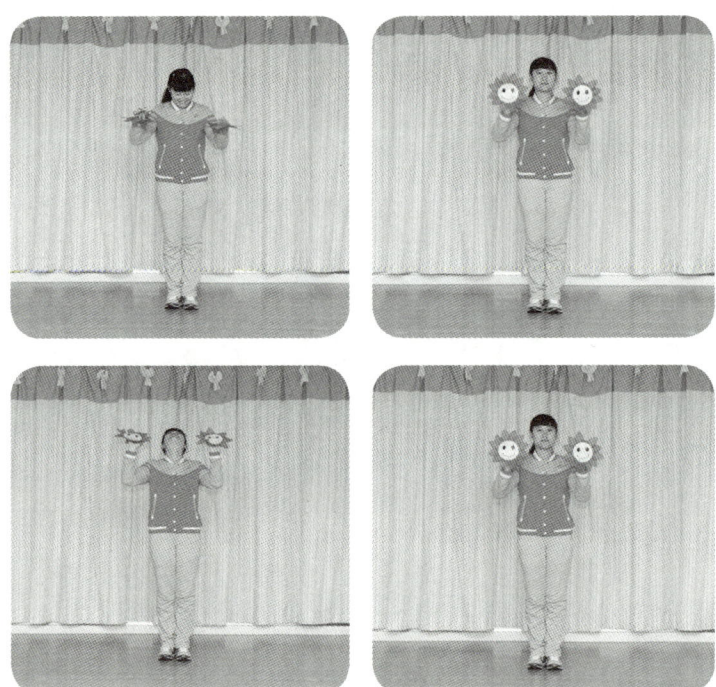

动作方法

开始姿势:双花在头两侧。

1—2 头部前屈;

3—4 还原;

5—6 后仰;

7—8 还原;

第二八拍动作：

动作方法

开始姿势：立正站好，眼看前方。

1—2　幼儿头部左屈；

3—4　还原；

5—6　右屈；

7—8　还原；

第三八拍动作：

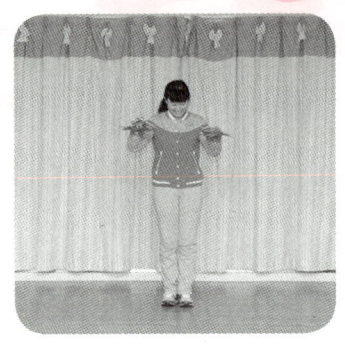

动作方法

开始姿势：立正站好，眼看前方。

1—7　头部顺时针绕一圈；

8　还原。

第四八拍动作：同第三八拍，方向相反。

第二节　肩部伸展运动　4×8拍

四个八拍动作相同：

动作方法

开始姿势：双花在肩膀两侧，一拍一动。

1—8 右手向上画一个圆，回正；

2—8 左手画一个圆，回正；

3—8 双花平行向前推；

4—6 一拍一动双花左右晃动；

7—8 还原。

间奏

动作方法

一拍一动，双花在头两侧晃动，脚下原地踏小碎步。

第三节 上肢运动 4×8拍

四个八拍动作相同：

动作方法

  1—2　双花向前平行；

  3—4　双臂上举；

  5—6　双臂打开平行；

  7—8　双花收回胸前。

第四节　肩部伸展运动（同第二节）

第五节　互动环节　4×8拍

  第一、三八拍动作：

动作方法

1—4　两组小朋友跳一下面对面；

5—6　双花平行向前推，与对面小朋友的双花对准；

7—8　双花收到胸前，身体还原。

第二、四八拍动作：

动作方法

1—4　两组小朋友跳一下面对面；

5—6　双花平行向前推，与对面小朋友的双花对准；

7—8　双花收到胸前，身体还原。

第六节　肩部伸展运动　4×8拍

四个八拍动作相同：

动作方法

开始姿势：双花在肩膀两侧，一拍一动。

1—8 右手向上画一个圆，回正；

2—8 左手画一个圆，回正；

3—8 双花平行向前推；

4—6 一拍一动双花左右晃动；

7—8 还原。

第七节 体转运动 4×8拍

第一、三八拍动作：

01　笑脸花操

动作方法

1—2　双花向两侧平行打开；

3—4　身体带动双臂向右转动 90 度身体；

5—6　身体回正；

7—8　双花收回到胸前。

第二、四八拍动作：

动作方法

1—2 双花向两侧平行打开；

3—4 身体带动双臂向左转动 90 度身体；

5—6 身体回正；

7—8 双花收回到胸前。

第八节 变换队形 4×8拍

第一八拍动作：

动作方法

1—8 双臂侧平举，其中两队插进另外两队中去，四队变两队。

第二八拍动作：

🌸 动作方法 🌸

  1—2 双花在胸前向右晃动一下；

  3—4 双花在胸前向左晃动一下；

  5—6 双花在胸前向右晃动一下；

  7—8 双花回正到胸前。

第三八拍动作：

1—8 双臂侧平举,两队变回四队。

第四八拍动作:

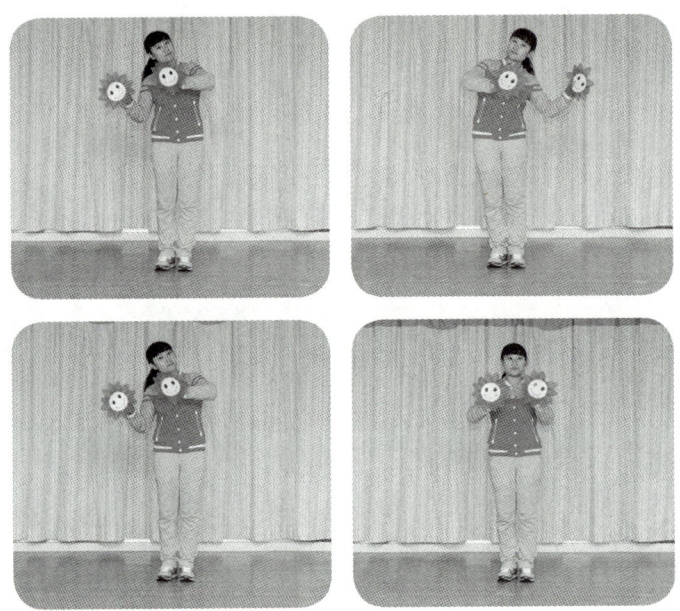

1—2 双花在胸前向右晃动一下;

3—4 双花在胸前向左晃动一下;

5—6 双花在胸前向右晃动一下;

7—8 双花回正到胸前。

第九节 踢腿运动 4×8拍

第一、三八拍动作:

01　笑脸花操

动作方法

1—2　双臂侧平举打开；

3—4　踢腿 90 度双花同时拍打右腿；

5—6　双臂回到侧平举打开；

7—8　双花收回到胸前。

第二、四八拍动作：

动作方法

1—2　双臂侧平举打开；

3—4　踢腿90度双花，同时拍打左腿；

5—6　双臂回到侧平举打开；

7—8　双花收回到胸前。

第十节　肩部伸展运动　4×8拍

四个八拍动作相同：

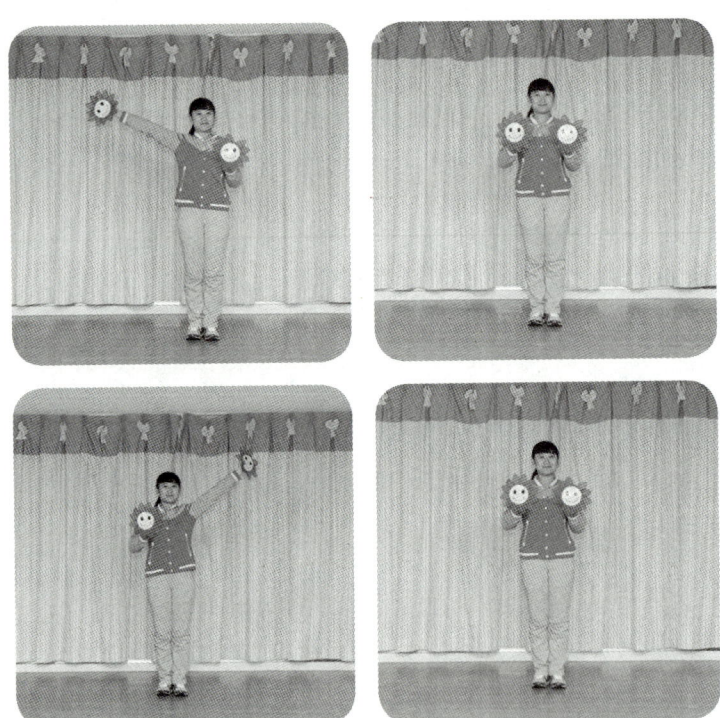

动作方法

开始姿势：双花在肩膀两侧，一拍一动。

1—8　右手向上画一个圆，回正；

2—8　左手画一个圆，回正；

3—8　双花平行向前推；

4—8　一拍一动双花左右晃动，还原。

间奏

动作方法

一拍一动，双花在头两侧晃动，脚下原地踏小碎步。

第十一节　腹背运动　4×8拍

四个八拍动作相同：

动作方法

1—2　双臂侧平举打开，同时双脚与肩同宽打开；

3—4　双花向地面按压；

5—6　回到双臂侧平举打开动作；

7—8　双花收回到胸前。

第十二节　下蹲运动　4×8拍

第一、三八拍动作：

动作方法

双手拿笑脸，花放在胸前，原地蹲下。

第二、四八拍动作：

动作方法

双手拿笑脸，花向上举。

第十三节　整理运动　4×8拍

第一、二八拍动作：

动作方法

1—4　双脚打开与肩同宽；

5—8　双花模仿小壁虎爬行动作，以腰为轴画一个立体的大圆。

第三、四八拍动作：

动作方法

开始姿势：蹲下，双花在胸前模仿小壁虎爬姿势。

1—8　从下往上爬到最上方；

2—6　从上往下爬；

7—8　最后一拍向上跳一下双脚打开，双臂向上 60 度打开。

02 手铃操

准备材料：音乐《拾豆豆》、手铃

编写教师：田琨琨

适应年龄：3～4岁

一、预备动作　2×8拍

第一八拍动作：

动作方法

开始姿势：幼儿双手握住手铃放在两侧腰间。

1—2 同开始姿势；

3—8 左右摆头，双手晃动手铃。

第二八拍动作：同第一八拍。

二、基本部分

第一节 头部运动 4×8拍

第一八拍动作：

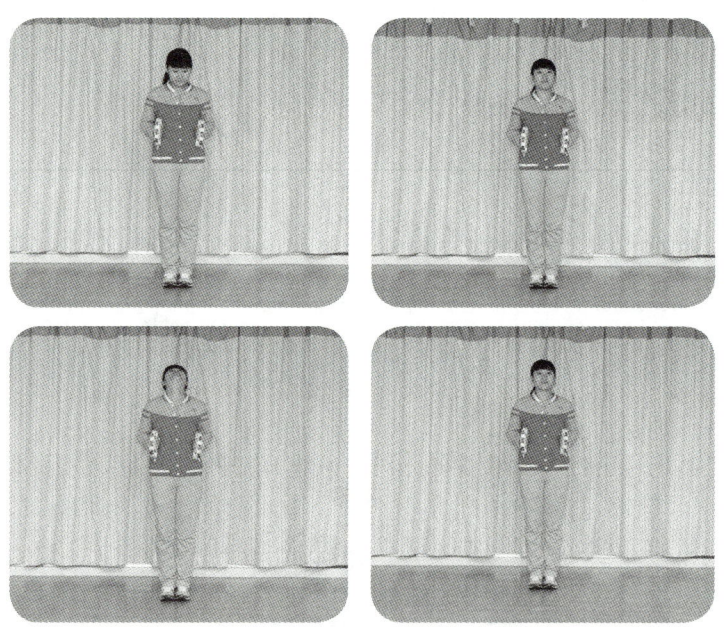

动作方法

开始姿势：幼儿双手握住手铃放在两侧腰间。

1—2 眼看前方，双脚并拢，做低头动作；

3—4 还原动作；

5—6 仰头；

7—8 还原动作。

第二八拍动作：

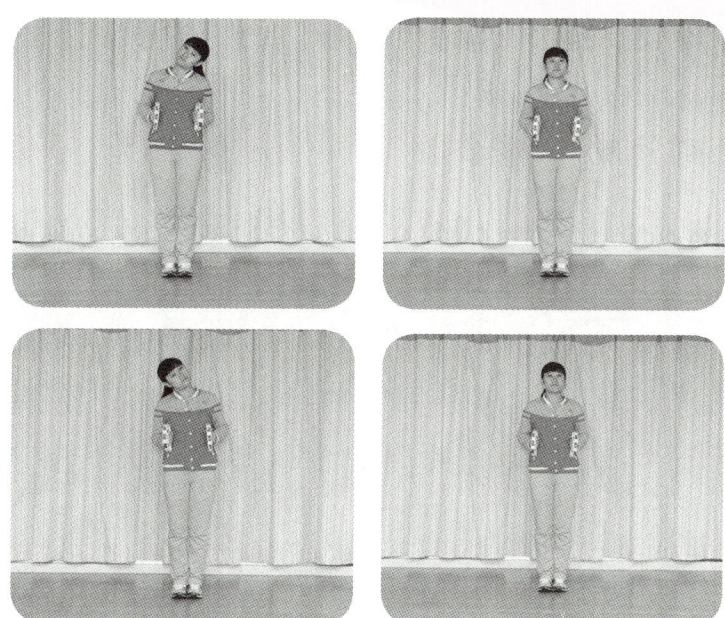

动作方法

1—2　头向左侧屈；

3—4　还原动作；

5—6　头向右侧屈；

7—8　还原动作。

第三八拍动作：同第一八拍。

第四八拍动作：同第二八拍。

间奏

动作方法

幼儿手持手铃放在两侧腰间，左右晃动身体，双手晃动手环。

第二节　上肢运动　4×8拍

第一八拍动作：

动作方法

1—2　侧平举；

3—4　双手举过头顶，敲击手铃；

5—6　侧平举；

7—8　双手还原。

第二、三、四八拍动作：同第一八拍。

间奏

动作方法

幼儿手持手铃放在两侧腰间,左右晃动身体,双手晃动手环。

第三节　上肢运动　4×8拍

第一八拍动作:

动作方法

开始姿势:幼儿双手握住手铃放在两侧腰间。

1—8　双手紧握手铃屈肘放于胸前并踏步。

第二八拍动作:同第一八拍。

第三八拍动作：

动作方法

1—2　双手紧握手铃前平举；

3—4　向左摆铃；

5—6　向右摆铃；

7—8　还原，双手紧紧握住手铃前平举。

第四八拍动作：同第三八拍。

间奏

动作方法

幼儿手持手铃放在两侧腰间，左右晃动身体，双手晃动手环。

第四节　腰部运动　4×8拍

第一八拍动作：

动作方法

开始姿势：幼儿双手握住手铃放在两侧腰间。

1—4　双手紧握手铃侧平举，双手放在耳朵两侧向左侧腰，同时左脚向斜前方迈一步；

5—8　双手紧握手铃还原成侧平举后将左脚收回，立正站好。

第二八拍动作：

动作方法

1—4　双手紧握手铃侧平举，双手放在耳朵两侧向右侧腰，同时右脚向斜前方迈一步；

5—8　双手紧握手铃还原成侧平举后将右脚收回，立正站好。

第三八拍动作：同第一八拍。

第四八拍动作：同第二八拍。

间奏

动作方法

幼儿手持手铃放在两侧腰间，左右晃动身体，双手晃动手环。

第五节 体转运动 4×8拍

第一八拍动作：

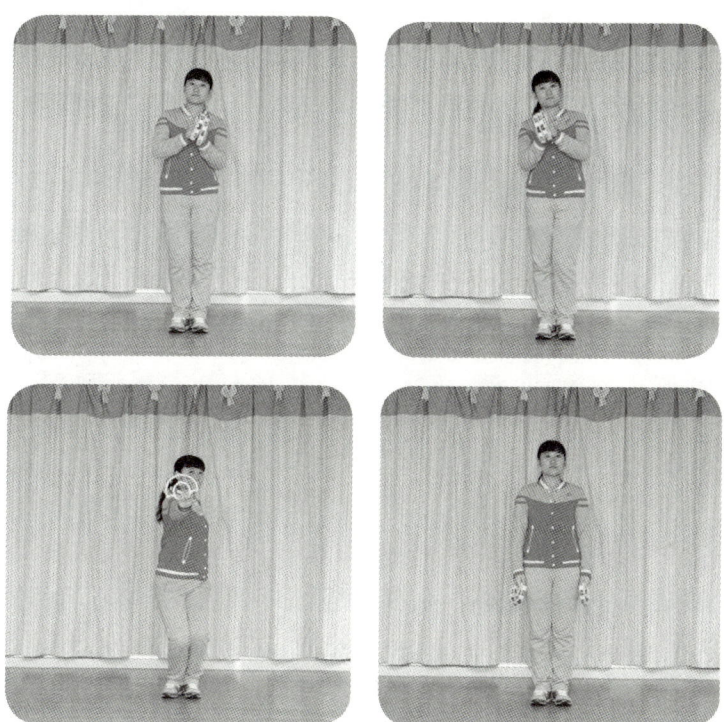

动作方法

开始姿势：幼儿双手握住手铃放在两侧腰间。

1—4 双手紧握手铃于胸前敲击两次；

5—8 向左侧转身呈半蹲状侧平举，同时晃动手铃后双手还原到体侧。

第二八拍动作：

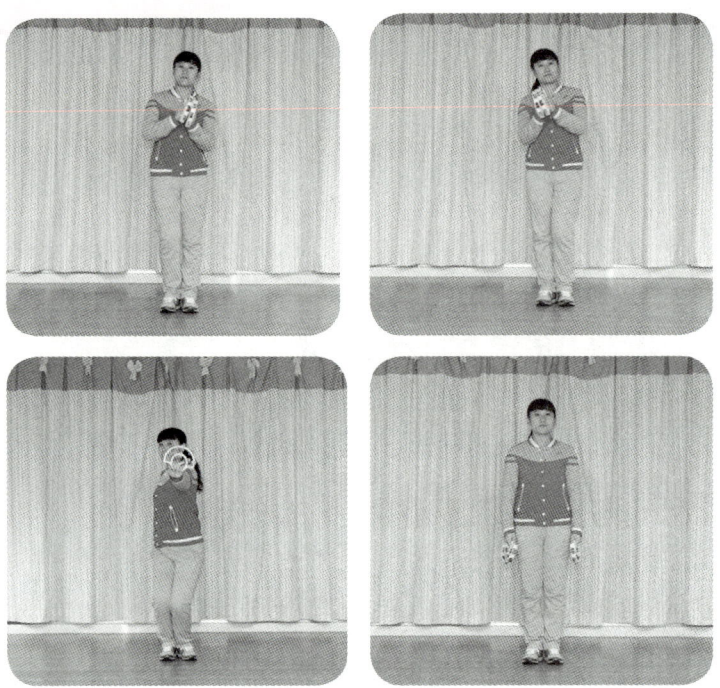

动作方法

1—4 双手紧握手铃于胸前敲击两次；

5—8 向右侧转身呈半蹲状侧平举，同时晃动手铃后双手还原到体侧。

第三八拍动作：同第一八拍。

第四八拍动作：同第二八拍。

间奏

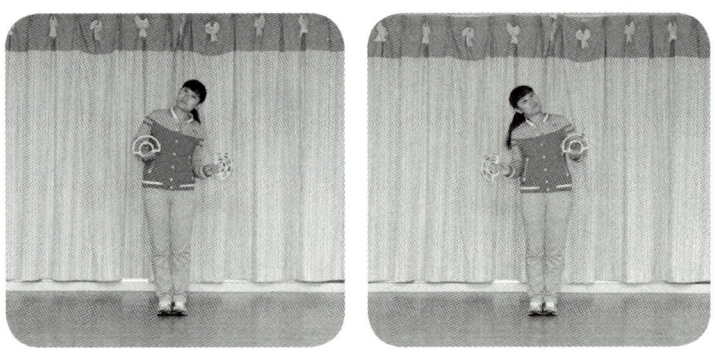

动作方法

幼儿手持手铃放在两侧腰间，左右晃动身体，双手晃动手环。

第六节　腹背运动　4×8拍

第一八拍动作：

动作方法

开始姿势：幼儿双手握住手铃放在两侧腰间。

1—2　双手紧握手铃侧平举，左腿向左侧迈出，与肩同宽；

3—4　俯身双手在身体中间位置敲击两次；

5—6　双手紧握手铃侧平举；

7—8　双手紧握手铃还原到体侧。

第二八拍动作：同第一八拍，方向相反。

第三八拍动作：同第一八拍。

第四八拍动作：同第二八拍。

幼儿园快乐健身操

间奏

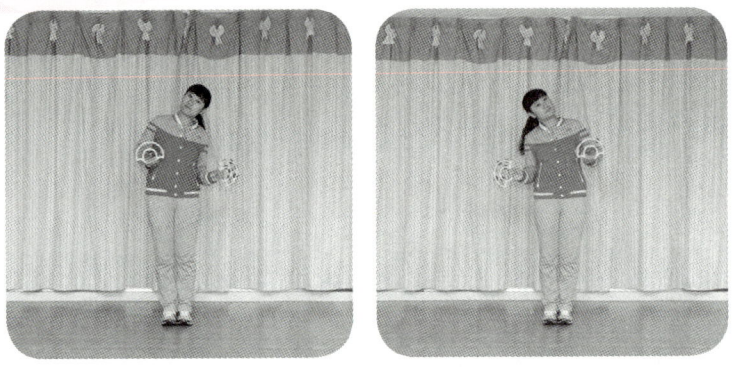

动作方法

幼儿手持手铃放在两侧腰间，左右晃动身体，双手晃动手环。

第七节　跳跃动作　4×8拍

第一八拍动作：

动作方法

开始姿势：幼儿双手握住手铃放在两侧腰间。

1—4　双手紧握手铃屈肘放于胸前敲击手铃两次同时脚后跟抬起两次；

5—8　双脚向上跳两次，双手紧握手铃举过头顶，左右摇晃手铃两次。

第二、三、四八拍动作：同第一八拍。

间奏

动作方法

双脚向上跳两次，双手紧握手铃举过头顶，左右摇晃手铃两次。

第八节　整理动作　4×8拍

第一八拍动作：

动作方法

开始姿势：双手紧握手铃屈肘于胸前。

1—2　向左摆铃；

3—4　向右摆铃；

5—6　向左摆铃；

7—8　向右摆铃。

第二八拍动作：

动作方法

1—2　双手紧握手铃，伸直举过头顶向左摆铃；

3—4　双手紧握手铃，伸直举过头顶向右摆铃；

5—6　双手紧握手铃，伸直举过头顶向左摆铃；

7—8　双手紧握手铃，伸直举过头顶向右摆铃。

第三八拍动作：

动作方法

1—2　双手紧握手铃,侧平举向左摆铃;
3—4　双手紧握手铃,侧平举向右摆铃;
5—6　双手紧握手铃,侧平举向左摆铃;
7—8　双手紧握手铃,侧平举向右摆铃。

第四八拍动作:同第一八拍。

间奏

动作方法

双手紧握手铃屈肘于胸前,向左摆铃,再屈肘于胸前,向右摆铃。

第九节　结束部分　1×8拍

第一八拍动作:

 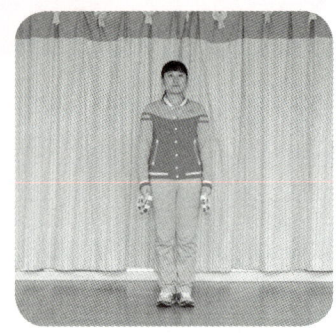

动作方法

1—8　原地踏步，双手紧握手铃从胸前交叉，自下向上到头顶后从两侧还原到体侧，一直抖动手铃。

03 手环操

准备材料：音乐《真的很不错》、体能环

编写教师：李秀梅

适应年龄：3~4岁幼儿

一、预备动作 6×8拍

前四八拍动作：

动作方法

踏步4×8拍。

后二八拍动作：

动作方法

双脚压脚跟，双手前伸左右摇环 2×8 拍。

二、基本部分

第一节　头部运动　4×8拍

第一八拍动作：

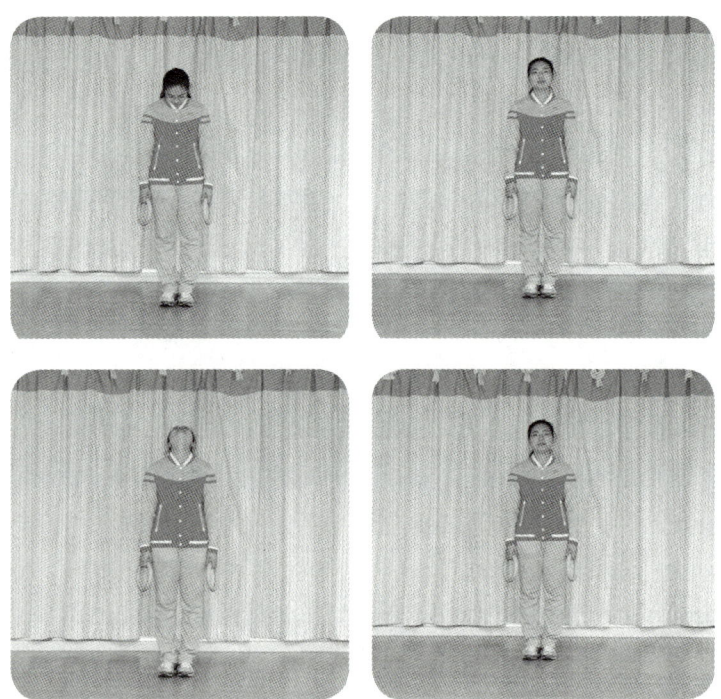

动作方法

开始姿势：双手握好体能环，垂直放在身体两侧。

1—2　头前屈；

3—4　头还原；

5—6　头后屈；

7—8　头还原。

第二八拍动作：

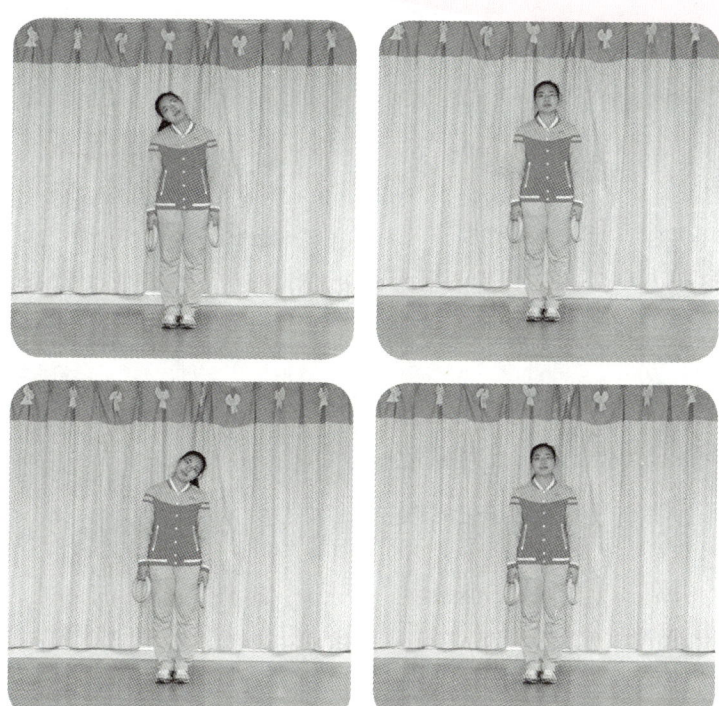

动作方法

开始姿势：双手握好体能环，垂直放在身体两侧。

1—2 头左屈；

3—4 头还原；

5—6 头右屈；

7—8 头还原。

第三八拍动作：同第一八拍。

第四八拍动作：同第二八拍。

第二节 上肢运动 4×8拍

第一八拍动作：

动作方法

开始动作：双手握好体能环，垂直放在身体两侧。

1—4　双手伸直，在前摇体能环两次；

5—8　双手上举，在头上摇体能环两次。

第二八拍动作：

动作方法

开始动作：双手握好体能环，垂直放在身体两侧。

1—4　双手伸直，在体侧摇体能环两次；

5—8　双手垂直，在体侧摇体能环两次。

第三八拍动作：同第一八拍。

第四八拍动作：同第二八拍。

第三节　体侧运动　4×8拍

第一八拍动作：

🌸 动作方法

开始姿势：双手握好体能环，垂直放在身体两侧

1—6　左脚向左侧伸出，脚跟着地，同时双手在肩上摇体能环三次；

7—8　收回左脚，体能环收到身体两侧。

第二八拍动作：

🌸 动作方法

1—6　右脚向右侧伸出，脚跟着地，同时双手在肩上摇体能环三次；

7—8　收回右脚，体能环收到身体两侧。

第三八拍动作：同第一八拍。

第四八拍动作：同第二八拍。

间奏

动作方法

双脚压脚跟,双手前伸左右摇环2×8拍。

第四节 体转运动 4×8拍

第一八拍动作:

动作方法

开始姿势:双手握好体能环,垂直放在身体两侧。

1—4 双手伸直,在体侧摇体能环两次,同时左脚向左迈出;

5—8 脚不动,身体向左转,双臂伸出摇环两次。

第二八拍动作：

动作方法

开始姿势：双手握好体能环，垂直放在身体两侧。

1—4　身体向前，双手伸直在体侧摇体能环两次；

5—8　双手放下在身体两侧摇环两次。

第三八拍动作：同第一八拍。

第四八拍动作：同第二八拍，左脚收回。

第五节　下蹲运动　4×8拍

第一八拍动作：

动作方法

开始姿势：双手握好体能环，垂直放在身体两侧。

1—8 下蹲后双手在头两侧摇体能环四次。

第二八拍动作：同第一八拍。

第三八拍动作：

动作方法

开始姿势：双手握好体能环起立。

1—8 脚并拢，双手上举左右摇体能环两次。

第四个八拍动作：同第三八拍。

第六节　踢腿运动　4×8拍

第一八拍动作：

03　手环操

动作方法

开始姿势：双手握好体能环，垂直放在身体两侧。

1—4　双手伸直，在体侧摇体能环两次；

5—6　双手在胸前摇环一次，同时左脚向上踢出；

7—8　收回左脚，体能环收到身体两侧。

第二八拍动作：

动作方法

开始姿势：双手握好体能环，垂直放在身体两侧。

1—4　双手伸直，在体侧摇体能环两次；

5—6　双手在胸前摇环一次，同时右脚向上踢出；

7—8　收回右脚，体能环收到身体两侧。

第三八拍动作：同第一八拍。

第四八拍动作：同第二八拍。

间奏

动作方法

双脚压脚跟,双手前伸,左右摇环 2×8 拍。

第七节 腹背运动 4×8 拍

第一八拍动作:

动作方法

开始姿势:双手握好体能环,垂直放在身体两侧。

1—4 左脚向左平行迈出一步,同时双手侧平举摇体能环两次;

5—8 弯腰,同时双手在体前摇体能环两次。

第二八拍动作：

动作方法

开始姿势：双手握好体能环，垂直放在身体两侧。

1—4　直立，同时双手侧平举摇体能环两次；

5—8　双手收回到身体两侧垂直，摇体能环两次。

第三八拍动作：同第一八拍。

第四八拍动作：同第二八拍。

第八节　跳跃运动　4×8拍

第一八拍动作：

动作方法

开始姿势：双手握好体能环，垂直放在身体两侧。

1—8　双手握体能环原地踏步。

第二八拍动作：

动作方法

开始姿势：双手握好体能环，垂直放在身体两侧。

1—8　双脚向上跳起四次，同时双手上举摇体能环四次。

第三八拍动作：同第一八拍。

第四八拍动作：同第二八拍。

第九节　整理运动　2×8拍

第一八拍动作：

03 手环操

动作方法

开始姿势：双手握好体能环，垂直放在身体两侧。

1—8 双手从胸前交叉打开，到头顶画圆再到体侧（始终摇环）。

第二八拍动作：同第一八拍。

第九节 结束运动 1×4拍

1—4 拍动作：

动作方法

1—4 蹲下跳起，双手上举，结束操节。

04 拨浪鼓操

> 材料准备：音乐《小小子胖咕伦墩儿》、拨浪鼓
>
> 编写教师：刘绰娜
>
> 适宜年龄：3～4岁幼儿

一、预备动作 4×8拍

四个八拍动作：幼儿原地随音乐节奏左右摆头。

二、基本部分

第一节 头部运动 4×8拍

第一八拍动作：

动作方法

开始姿势：幼儿手持拨浪鼓立正站好。

1—2　低头；

3—4　还原；

5—6　仰头；

7—8　还原。

第二八拍动作：

动作方法

开始姿势：幼儿手持拨浪鼓立正站好。

1—2　左歪；

3—4　还原；

5—6　右歪；

7—8　还原。

第三八拍动作：同第一八拍。

第四八拍动作：同第二八拍。

第二节　体转运动　4×8拍

第一八拍动作：

动作方法

开始姿势：幼儿手持拨浪鼓立正站好。

1—2　双手侧平举；

3—4　双臂向内弯曲；

5—6　上身向左转，同时双臂打开；

7—8　立正。

第二八拍动作：同第一八拍，方向相反。

第三八拍动作：同第一八拍。

第四八拍动作：同第二八拍。

间奏变队　4×8拍

开始姿势：幼儿手持拨浪鼓立正站好。

1—8　四列队伍分为1队、2队，2队小朋友原地踏步，双手在胸前摇鼓，同时1队小朋友双手在胸前摇鼓并插到2队里。

2—8　1队小朋友回原来位置上。

第三节　体侧运动　4×8拍

第一八拍动作：

开始姿势：幼儿手持拨浪鼓立正站好。

1—8　左脚向左侧迈一小步，脚跟着地，右手叉腰，左手晃鼓。

第二八拍动作：

动作方法

开始姿势：幼儿手持拨浪鼓立正站好。

1—8　双手同时晃鼓。

第三八拍动作：同第一八拍，方向相反。

第四八拍动作：同第三八拍。

第四节　扩胸运动　4×8拍

第一八拍动作：

动作方法

开始姿势：幼儿手持拨浪鼓立正站好。

1—4　双手曲臂在胸前震两下；

5—6 打开双臂震一下；

7—8 回正。

第二、三、四八拍动作：同第一八拍。

间奏变队 4×8拍

开始姿势：幼儿手持拨浪鼓立正站好。

1—8 四列队伍分为1队、2队，1队小朋友原地踏步，双手在胸前摇鼓，同时2队小朋友双手在胸前摇鼓并插到1队里。

2—8 2队小朋友回原来位置上。

第五节 腹背运动 4×8拍

第一八拍动作：

动作方法

开始姿势：幼儿手持拨浪鼓立正站好。

1—2　同时分腿打开双臂；

3—4　俯下身子，双手在胸前交叉；

5—6　站直身子，双臂打开伸平；

7—8　回正。

第二、三、四八拍动作：同第一八拍。

第六节　踢腿运动　4×8拍

第一八拍动作：

动作方法

开始姿势：幼儿手持拨浪鼓立正站好。

1—2　双手向前伸直；

3—4　双手向两边打开；

5—6　踢左脚；

7—8　立正站好。

第二八拍动作：同第一八拍，方向相反。

第三八拍动作：同第一八拍。

第四八拍动作：同第二八拍。

第七节　蹲起运动　4×8拍

第一八拍动作：

动作方法

开始姿势：幼儿手持拨浪鼓立正站好。

1—8　左侧两对小朋友站立，并且双手举过头顶摇鼓，同时左侧两队小朋友蹲下，并且两手在胸前摇鼓。

第二八拍动作：

动作方法

1—8　两队小朋友分别晃动手中的拨浪鼓。

第三、四八拍动作：两组小朋友动作互换。

第八节　跳跃运动　8×8拍

第一八拍动作：

动作方法

开始姿势：幼儿手持拨浪鼓立正站好。

1—2　跳一下；

3—4　跳一下；

5—6　跳一下；

7—8　跳一下。

第二八拍动作：

　　开始姿势：幼儿手持拨浪鼓在胸前立正站好。

　　1—2　向左晃动一下；

　　3—4　向右晃动一下；

　　5—6　向左晃动一下；

　　7—8　向右晃动一下。

　　第三八拍、第五八拍、第七八拍，重复第一八拍动作。

　　第四八拍、第六八拍、第八八拍，重复第二八拍动作。

第九节　整理运动　4×8拍

　　第一八拍动作：

　　开始姿势：幼儿手持拨浪鼓立正站好。

　　1—8　踏步，双手向前伸着摇鼓。

第二八拍动作：

动作方法

1—8　踏步，双手上举摇鼓。

第三八拍动作：

动作方法

1—8　踏步，双手打开侧平双手摇鼓。

第四八拍动作：

04 拨浪鼓操

动作方法

1—8　双手垂直两边踏步。

音乐结束立正站好。

05 河蚌操

> 准备材料：音乐《小鱼的自白》、自制河蚌
>
> 编写教师：丁宁
>
> 适合年龄：3～4岁幼儿

一、预备动作

1—4　手持河蚌原地站立。

二、基本部分

第一节　头部运动　4×8拍

第一八拍动作：

动作方法

开始姿势：幼儿手持河蚌。

1—2　低头；

3—4　还原；

5—6　仰头；

7—8　还原。

第二八拍动作：

动作方法

开始姿势：幼儿手持河蚌。

1—2　向左倒头；

3—4　还原；

5—6　向右倒头；

7—8　还原。

第三八拍动作：同第一八拍。

第四八拍动作：同第二八拍。

第二节　体侧运动　4×8拍

第一八拍动作：

05 河蚌操

动作方法

开始姿势：幼儿手持河蚌。

1—2 幼儿手持河蚌打开；

3—4 左脚向左前方出脚，脚跟点地，下左侧腰；

5—6 还原为立正姿势；

7—8 河蚌合拢。

第二八拍动作：

动作方法

开始姿势：幼儿手持河蚌。

1—2　幼儿手持河蚌打开；

3—4　右脚向右前方出脚，脚跟点地，下右侧腰；

5—6　还原为立正姿势；

7—8　河蚌合拢。

第三八拍动作：同第一八拍。

第四八拍动作：同第二八拍。

第三节　踏步过度　4×8拍

第一八拍动作：

05 河蚌操

动作方法

开始动作：幼儿手持河蚌站立。

1—8　幼儿听音乐向左踏步转身，踏步，同时双手有节奏地扇动河蚌。

第二八拍动作：

动作方法

开始动作：幼儿手持河蚌站立。

1—8　幼儿听音乐向左踏步转身，踏步同时双手有节奏地扇动河蚌。

第三八拍动作：

动作方法

开始动作：幼儿手持河蚌站立。

1—8　幼儿听音乐向左踏步转身，踏步同时双手有节奏地扇动河蚌。

第四八拍动作：

动作方法

开始动作：幼儿手持河蚌站立。

1—8　幼儿听音乐向左踏步转身，身体恢复正前方向，踏步同时双手有节奏地扇动河蚌。

第四节　体转运动　4×8拍

第一八拍动作：

动作方法

开始姿势：幼儿手持河蚌站立。

1—2　幼儿手持河蚌打开同时出左脚，与肩同宽站立；

3—4　身体向左转，同时在左侧将河蚌合拢；

5—6　身体转向正面朝前；

7—8　收回左脚立正姿势站好，河蚌在身前合拢。

第二八拍动作：

动作方法

开始姿势：幼儿手持河蚌站立。

1—2　幼儿手持河蚌打开同时出右脚，与肩同宽站立；

3—4　身体向左转，同时在右侧将河蚌合拢；

5—6　身体转向正面朝前；

7—8　收回右脚立正姿势站好，河蚌在身前合拢。

第三八拍动作：同第一八拍。

第四八拍动作：同第二八拍。

间奏　1×8拍

动作方法

1—8　幼儿原地小碎步，双手有节奏地扇动河蚌。

第五节　下蹲运动　4×8拍

第一八拍动作：

动作方法

开始姿势：幼儿手持河蚌蹲下。

1—8　幼儿单腿后撤原地蹲下，双手根据节奏地扇动河蚌四下。

第二八拍动作：

动作方法

开始姿势：幼儿手持河蚌蹲下。

1—8　头部左右各点两下。

第三八拍动作：

动作方法

开始姿势：幼儿手持河蚌起立。

1—8　幼儿起立，保持立正姿势，双手有节奏扇动河蚌四下。

第四八拍动作：

动作方法

开始姿势：幼儿手持河蚌站立。

1—8　头部左右各点两下。

此组动作两组幼儿交替进行，一组做蹲下动作，另外一组做站立动作。

第六节　踢腿运动　4×8拍

第一八拍动作：

动作方法

开始姿势：幼儿手持河蚌。

1—2 幼儿双脚并拢，立正站好，手持河蚌在胸前合拢；

3—4 双手持河蚌胸前打开，同时向前踢左脚；

5—6 左脚收回立正姿势，将河蚌在胸前合拢；

7—8 脚立正不动，河蚌在胸前打开。

第二八拍动作：

动作方法

开始姿势：幼儿手持河蚌。

1—2 幼儿双脚并拢立正站好，手持河蚌在胸前合拢；

3—4 双手持河蚌胸前打开，同时向前踢右脚；

5—6 右脚收回立正姿势，将河蚌在胸前合拢；

7—8 脚立正不动，河蚌在胸前打开。

第三八拍动作：同第一八拍。

第四八拍动作：同第二八拍。

第七节　腹背运动　4×8拍

第一八拍动作：

动作方法

开始姿势：幼儿手持河蚌立正站好。

1—2　幼儿手持河蚌打开，同时出左脚，与肩同宽站立；

3—4　弯腰低头，双手将河蚌合拢；

5—6　身体直起将河蚌打开；

7—8　收回左脚，河蚌在身前合拢。

第二八拍动作：

动作方法

开始姿势：幼儿手持河蚌站立。

1—2　幼儿手持河蚌打开，同时出右脚，与肩同宽站立；

3—4　弯腰低头，双手将河蚌合拢；

5—6　身体直起将河蚌打开；

7—8　收回右脚，河蚌在身前合拢。

第三八拍动作：同第一八拍。

第四八拍动作：同第二八拍。

第八节　跳跃运动　4×8拍

第一八拍动作：

开始姿势：幼儿手持河蚌站立。

1—2　幼儿手持河蚌原地跳跃一下，双膝弯曲低头，将河蚌合拢把头包住；

3—4　幼儿手持河蚌原地再次跳跃，身体挺直，抬头向前，将河蚌打开；

5—6　重复1—2的动作；

7—8　重复3—4的动作。

第二八拍动作：

05 河蚌操

动作方法

开始姿势：幼儿手持河蚌站立。

1—2　原地站好，脚并拢，向左倒头；

3—4　原地站好，脚并拢，向右倒头；

5—6　重复1—2的动作；

7—8　重复3—4的动作。

第三八拍动作：同第一八拍。

第四八拍动作：同第二八拍。

第九节　整理运动　4×8拍

第一八拍动作：

动作方法

开始动作：幼儿手持河蚌站立。

1—8　幼儿小碎步原地顺时针自转一周，双手有节奏地扇动河蚌。

第二八拍动作：

动作方法

开始姿势：幼儿手持河蚌站立。

1—8　原地双脚并拢站好，河蚌打开，左右点头各两次。

第三八拍动作：同第一八拍。

第四八拍动作：同第二八拍。

第十节　结束运动　1×8拍

第一八拍动作：

开始动作：幼儿手持河蚌立正站好。

1—8　音乐减弱，幼儿原地蹲下，用河蚌包拢身体，结束操节。

06 圈 操

准备材料：音乐《健康快乐动起来》、小呼啦圈

编写教师：李博

适用年龄：3～4岁幼儿

一、预备动作 3×8拍

第一八拍动作：

动作方法

幼儿双手持圈站立。

第二、三八拍动作：

06 圈操

动作方法

1—2　屈左腿，双手向右打圈；

3—4　还原；

5—6　屈右腿，双手向左打圈；

7—8　还原。

二、基本部分

第一节　上肢运动　4×8拍

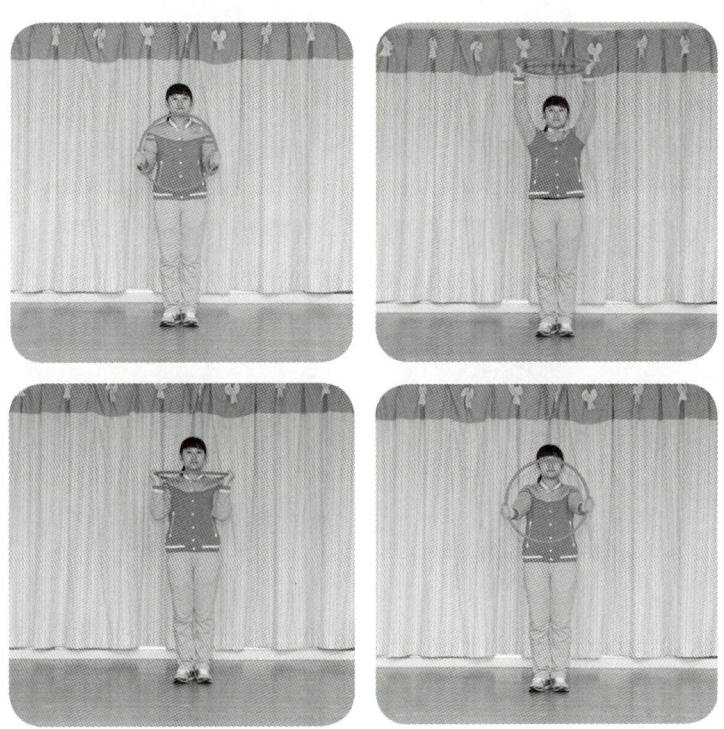

动作方法

开始姿势：幼儿双手握圈放在胸前，立正站好，眼看前方。

1—2　手臂上举，将圈平着举过头顶像举重的样子；

3—4　手臂向下，将圈套在头上；

5—6　手臂重复1—2拍的动作；

7—8　双手将圈立起，收回到胸前。

第二、三、四八拍的动作：同第一八拍。

第二节　扩胸运动　4×8拍

第一八拍动作：

动作方法

1—2　双臂向前伸直，将圈立起来；

3—4　两臂向左，把圈当成弓箭，摆出射箭的姿势；

5—6　双臂用力拉紧小圈。同时松右手，像箭射出一样；

7—8　回复立正站好。

第二八拍动作：同第一八拍，方向相反。

第三八拍动作：同第一八拍。

第四八拍动作：同第二八拍。

变换队形 8×8拍

第一、二八拍动作：

动作方法

1—8　将圈立放于胸前，原地踏步；

2—8　将圈立放于胸前，原地踏步。

第三八拍动作：

动作方法

1—2　转身，成两纵队面对面；

3—8　原地踏步。

第四八拍动作：

动作方法

1—4　两队的幼儿挨个往前一步走，把圈对在一起；

5—8　面对面踏步。

第五八拍动作：

动作方法

1—8　两队幼儿同时下蹲。

第六八拍动作：

动作方法

1—8　两对幼儿同时起立。

第七八拍动作：同第五八拍。

第八八拍动作：

动作方法

1—4　幼儿同时起立；

5—8　转正身体并踏回自己的点。

第三节　体侧运动　4×8拍

第一八拍动作：

🌸 动作方法

1—2　两臂上举；

3—4　左脚向左跨一步，脚跟点地，身体和手臂从头顶划向左侧弯腰；

5—6　身体回正，双手向前举；

7—8　双手放回胸前。

第二八拍动作：同第一八拍，方向相反。

第三八拍动作：同第一八拍。

第四八拍动作：同第二八拍。

第四节　下肢运动　4×8拍

第一八拍动作：

06 圈操

动作方法

1—2　双手向前举，圈立起来；

3—4　手腕打平，圈也打平，同时踢左腿，尽量用圈碰到腿；

5—6　手腕立起来，圈也立起来；

7—8　手放回胸前。

第二八拍动作：同第一八拍，方向相反。

第三八拍动作：同第一八拍。

第四八拍动作：同第二八拍。

第五节　体转运动　4×8拍

第一八拍动作：

 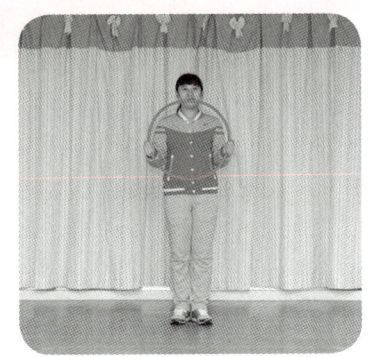

动作方法

1—2 双手向前伸，圈立放；

3—4 身体向左转；

5—6 身体回正，手回复前平举；

7—8 手收回到胸前。

第二八拍动作：同第一八拍，方向相反。

第三八拍动作：同第一八拍。

第四八拍动作：同第二八拍。

第六节　下蹲运动　4×8拍

第一八拍动作：

动作方法

开始姿势：手臂和圈放在胸前。

1—2　一三纵队的幼儿撤步下蹲，圈放胸前；三四纵队的幼儿站立，把圈上举；

3—8　左右晃动手里的圈。

第二八拍动作：一三纵队原地站立，把圈上举；三四纵队幼儿撤步下蹲，把圈上举。

第三八拍动作：同第一八拍。

第四八拍动作：同第二八拍。

间奏　5×8拍

第一八拍动作：

动作方法

开始姿势：手臂和圈放在胸前。

1—2　头向左摇晃，右膝盖弯曲；

3—4　头向右摇晃，左膝盖弯曲；

5—6　头向左摇晃，右膝盖弯曲；

7—8　头向右摇晃，左膝盖弯曲；

第二至五八拍动作：同第一八拍。

第七节　跳跃运动　4×8拍

第一八拍动作：

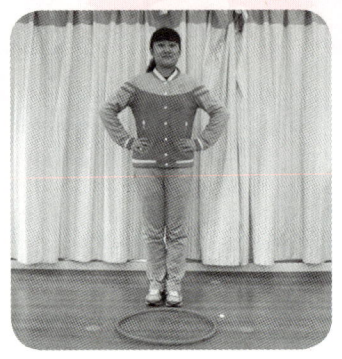 

动作方法

开始姿势：手臂和圈放在胸前。

1—4　圈放在地上，站在圈后，双手叉腰；

5—8　跳进圈里。

第二八拍动作：

动作方法

1—4　双手叉腰，跳到圈后；

5—8　双手叉腰，跳入圈里。

第三八拍动作：同第二八拍。

第四八拍动作：

1—4　双手叉腰，跳到圈后；

5—8　双手叉腰，跳入圈里，然后两臂斜上举完成。

01 灯笼操

> 材料准备：音乐《发财发福中国年》、灯笼
> 编写教师：郭沁萍
> 适应年龄：4～5岁幼儿

一、预备动作 2×8拍

第一八拍动作：

动作方法

开始姿势：幼儿双手提着灯笼。

1—8 从后场跑到自己的位置。

第二八拍动作:

动作方法

1—8　脚为小碎步进行调整与等待同伴。

二、基本部分

第一节　头部运动　4×8拍

第一八拍动作:

01 灯笼操

动作方法

开始姿势：双手捧横向灯笼于胸前。

1—2　前点头；

3—4　还原；

5—6　后点头；

7—8　还原。

第二八拍动作：

动作方法

1—2　左点头；

3—4　还原；

5—6　右点头，

7—8　还原。

第三八拍动作：同第一八拍。

第四八拍动作：同第二八拍。

第二节　伸展运动　4×8拍

第一八拍动作：

动作方法

开始姿势：双手捧横向灯笼于胸前。

1—2　双脚打开与肩同宽，双手横向拿着灯笼的两头向上方平举；

3—4　双脚打开与肩同宽，双臂伸直上举过头顶，两臂贴着耳朵；

5—6　双脚打开与肩同宽，双手收回于正前方，双手向左侧侧肩；

7—8　双脚打开与肩同宽，双手收回于胸前，右侧侧肩。

第二八拍动作：同第一八拍，方向相反。

第三八拍动作：同第一八拍。

第四八拍动作：同第二八拍。

第三节 上肢运动 4×8拍

第一八拍动作:

动作方法

开始姿势：双手捧横向灯笼于胸前。

1—2 双腿同时起跳，微微下蹲；

3—4 双手拉开灯笼放在右肩上，头倒向右边；

5—6 左手叉腰，右手伸平，纵向拿着灯笼；

7—8 脚下为小碎步，回正。

第二八拍动作：同第一八拍，方向相反。

第三八拍动作：同第一八拍。

第四八拍动作：同第二八拍。

第四节　腰部运动　4×8拍

第一八拍动作：

动作方法

开始姿势：双手捧横向灯笼于胸前。

1—2　双手横向拿灯笼，伸给对面的小朋友；

3—4　两灯笼碰上；

5—6　退回自己的点上；

7—8　双手收回胸前。

第二八拍动作：同第一八拍，方向相反。

第三八拍动作：同第一八拍。

第四八拍动作：同第二八拍。

第五节　队列变化　4×8拍

第一八拍动作：

动作方法

1—2　双手捧横向灯笼于胸前，向右转，吸左腿；

3—4　放下左腿，双手捧横向灯笼高举过头顶；

5—6　放下双手，同时吸左腿；

7—8　放下左腿，双手捧横向灯笼高举过头顶。

第二八拍动作：同第一八拍，方向相反。

第三八拍动作：同第一八拍。

第四八拍动作：同第二八拍。

第六节　队列变化　4×8拍

第一八拍动作：

动作方法

开始姿势：双手捧横向灯笼于胸前。

1—8　一人蹲下摇头，双手拉开灯笼放在右肩上，另一人围着同伴转一圈。

转圈人的动作：即上图。

蹲着人的动作：

第二八拍动作：两个小朋友互换动作。

第三八拍动作：同第一八拍。

第四八拍动作：同第二八拍。

第七节　踢腿运动　4×8拍

第一八拍动作：

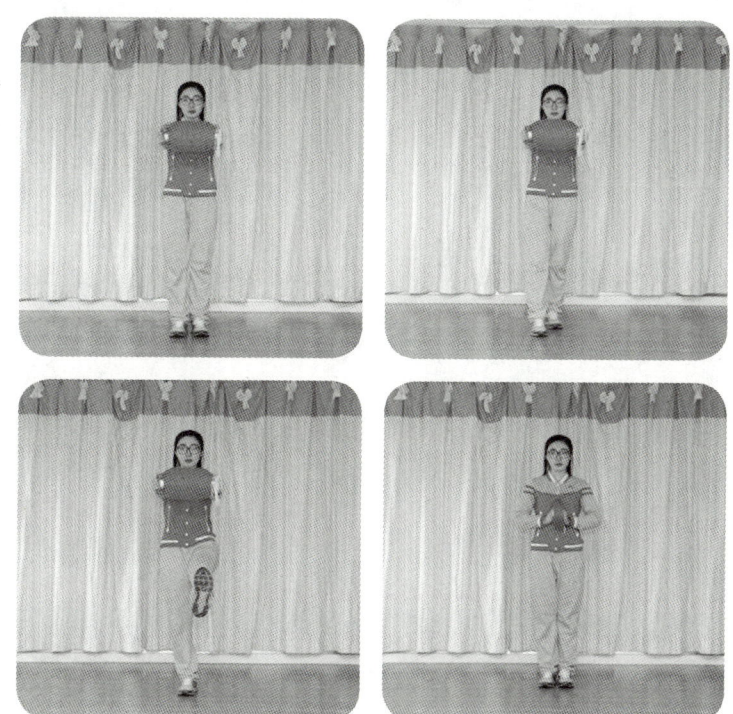

动作方法

开始姿势：双手捧横向灯笼于胸前。

1—2　双手平举灯笼；

3—4　右腿向后撤出半步；

5—6　右腿向前平踢出；

7—8　收腿，收灯笼。

第二八拍动作：同第一八拍，方向相反。

第三八拍动作：同第一八拍。

第四八拍动作：同第二八拍。

第八节　跳跃运动　4×8拍

第一八拍动作：

动作方法

开始姿势：双手捧横向灯笼于胸前。

1—2　两腿分开跳跃，双手横向打开灯笼；

3—4　跳回正；

5—6　两腿分开跳跃，双手纵向打开灯笼；

7—8　跳回正。

第二、三、四八拍动作：同第一八拍。

第九节　幼儿互动　4×8拍

第一八拍动作：

动作方法

开始姿势：双手捧横向灯笼于胸前。

1—8　每四个人为一组，一手提着灯笼，踏着步向中间靠拢，外边的手叉在腰上。
　　　四个人同时往中间一个点上走，再各回原位。

第二八拍动作：

动作方法

1—8 四个小朋友向同一方向转一圈。

第三八拍动作：

动作方法

1—8 四个小朋友换手拿灯笼向另外一个方向转一圈。

第四八拍动作：

动作方法

1—8 幼儿踏步回到自己的位置。

第十节 伸展运动 4×8拍

第一八拍动作：

01　灯笼操

🌸 动作方法

　　开始姿势：双手捧横向灯笼于胸前。

　　1—2　双脚打开与肩同宽，双手横向拿着灯笼的两头向上方平举；

　　3—4　双脚打开与肩同宽，双臂伸直上举过头顶，两臂贴着耳朵；

　　5—6　双脚打开与肩同宽，双手收回于正前方，双手向左侧侧肩；

　　7—8　双脚打开与肩同宽，双手收回于胸前，右侧侧肩。

　　第二八拍动作：同第一八拍，方向相反。

　　第三八拍动作：同第一八拍。

　　第四八拍动作：同第二八拍。

第十一节　上肢运动　4×8拍

　　第一八拍动作：

动作方法

开始姿势：双手捧横向灯笼于胸前。

1—2 双腿同时起跳，微微下蹲；

3—4 双手拉开灯笼放在右肩上，头倒向右边；

5—6 左手叉腰，右手伸平，纵向拿着灯笼；

7—8 脚下为小碎步，回正。

第二八拍动作：同第一八拍，方向相反。

第三八拍动作：同第一八拍。

第四八拍动作：同第二八拍。

第十二节 腰部和整理运动 4×8拍

第一八拍动作：

01 灯笼操

动作方法

开始姿势：双手捧横向灯笼于胸前。

1—2　双手横向拿灯笼，伸给对面的小朋友；

3—4　两灯笼碰上；

5—6　退回自己的点上；

7—8　双手收回胸前。

第二八拍动作：同第一八拍，方向相反。

第三八拍动作：同第一八拍。

第四八拍动作：同第二八拍。

第十三节　结束运动

跳跃高举灯笼。

02 扇子操

> 准备材料：音乐《中国味道》、扇子
>
> 编写教师：郑玥、杨迪
>
> 适应年龄：4～5岁幼儿

一、预备动作　6×8拍

第一八拍动作：

动作方法

开始姿势：双手拿扇，双脚并齐，立正站好。

1—2　双手拿扇，双脚并齐，踮脚同时头部左晃；

3—4　双手拿扇，双脚并齐，踮脚同时头部右晃；

5—6　同1—2拍；

7—8 同3—4拍。

第二八拍动作：同第一八拍。

第三八拍动作：

动作方法

开始姿势：双手拿扇立正站好。

1—8 双手打开扇子，头上举起，前后摆动扇子。

第四八拍至第六八拍动作：

动作方法

开始姿势：1—8 双手打开扇子放胸前，向后撤右脚蹲下，前后摆动扇子。

二、基本部分

第一节　上肢运动　4×8拍

第一八拍动作：

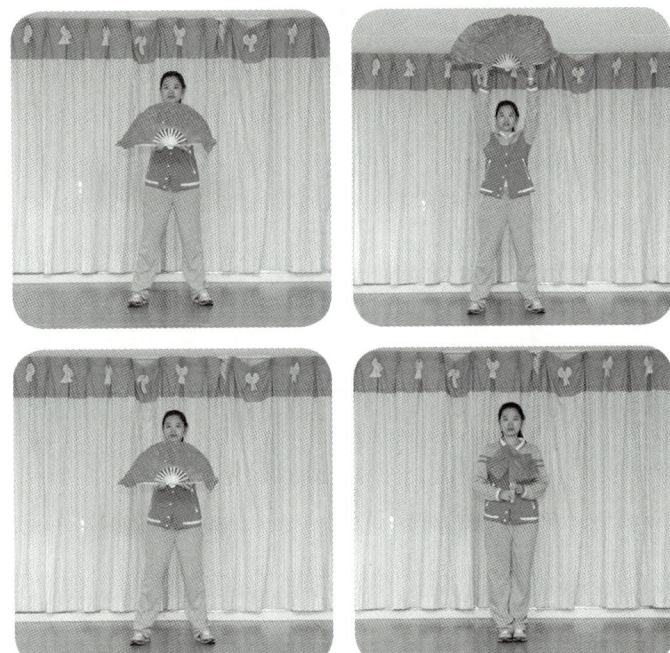

动作方法

开始姿势：双手拿扇立正站好。

1—2　双臂前举双手打扇，同时左脚向左跨一步；

3—4　双臂举过头顶；

5—6　双臂向前举；

7—8　还原。

第二八拍动作：同第一八拍，方向相反。

第三八拍动作：同第一八拍。

第四八拍动作：同第二八拍。

第二节　体转运动　4×8拍

第一八拍动作：

动作方法

开始姿势：双手拿扇立正站好。

1—2　双臂前举双手打扇，同时左脚向左跨一步；

3—4　上身向左转动；

5—6　上身转回；

7—8　还原。

第二八拍动作：同第一八拍，方向相反。

第三八拍动作：同第一八拍。

第四八拍动作：同第二八拍。

第三节　变换队形　4×8拍

第一八拍动作：

动作方法

开始姿势：双手拿扇立正站好。

1—4　左右两队幼儿面对面向左向右转跳；

5—8　还原。

第二八拍动作：

动作方法

开始姿势：双手拿扇立正站好。

1—8　左右两队幼儿双手高举扇子边踏步边交换位置。

第三八拍动作：同第一八拍，幼儿交换面对面。

第四八拍动作：同第二八拍。

第四节　体侧运动　4×8拍

第一八拍动作：

动作方法

开始姿势：双手拿扇立正站好。

1—2　双脚并齐，双臂向前打开扇子；

3—4　双脚并齐，双臂向上举过头顶；

5—6　左脚向左勾脚，右腿弯膝，双手向左打开扇子，头向左歪头；

7—8　还原。

第二八拍动作：同第一八拍，方向相反。

第三八拍动作：同第一八拍。

第四八拍动作：同第二八拍。

第五节　队形变换　4×8拍

第一八拍动作：

动作方法

开始姿势：双手拿扇立正站好。

1—8　两名幼儿一名蹲下，一名站立；

　　　蹲下：撤右腿蹲下，双手在胸前打开扇子；

　　　站立：双臂举过头顶打开扇子，绕蹲下的幼儿走一圈。

第二八拍动作：同第一八拍，两名幼儿交换动作。

第三八拍动作：同第一八拍。

第四八拍动作：同第二八拍。

第六节　踢腿运动　4×8拍

第一八拍动作：

动作方法

开始姿势：双手拿扇立正站好。

1—2　双脚并齐，双手向前打开扇子；

3—4　撤左脚，上身不动；

5—6　左腿向前踢；

7—8　还原。

第二八拍动作：同第一八拍，方向相反。

第三八拍动作：同第一八拍。

第四八拍动作：同第二八拍。

第七节　俯背运动　4×8拍

第一八拍动作：

 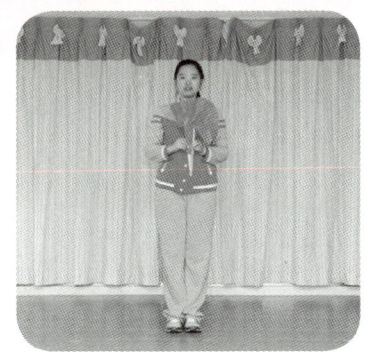

动作方法

开始姿势：双手拿扇立正站好。

1—2　左脚向左跨一步，双臂前举打开扇子；

3—4　双臂高举头顶；

5—6　弯腰够脚；

7—8　还原收左脚。

第二八拍动作：同第一八拍，方向相反。

第三八拍动作：同第一八拍。

第四八拍动作：同第二八拍。

间奏　4×8拍

第一八拍动作：

动作方法

开始姿势：双手拿扇立正站好。

1—8　两名幼儿一名蹲下，一名站立；

　　　　站立：双手打开扇子，头上举起，前后摆动扇子；

　　　　蹲下：撤右腿，双手胸前打开扇子。

第二八拍动作：同第一八拍，幼儿交替动作。

第三八拍动作：同第一八拍。

第四八拍动作：同第二八拍。

第八节　同第一节　上肢运动　4×8拍

第九节　同第二节　体转运动　4×8拍

第十节　同第三节　变换队形　4×8拍

第十一节　同第四节　体侧运动　4×8拍

第十二节　同第五节　队形变换　4×8拍

第十三节　整理运动　4×8拍

第一八拍动作：

动作方法

开始姿势：双手拿扇立正站好。

1—8　左右两队幼儿同时向中间跨脚，双手打开扇子，向中间对着扇。

第二八拍动作：

动作方法

开始姿势：双手拿扇立正站好。

1—8　左右两队幼儿交换方向，双手打开扇子，从相反方向划过举起扇子。

第三八拍动作：同第一八拍。

第四八拍动作：同第二八拍。

第十四节　结束运动　1×8拍

动作方法

开始姿势：双手拿扇立正站好。

1—4　双脚并齐，双臂伸直向前打开扇子，扇4下；

5—8　双脚分开，双臂高举头顶打开扇子亮相。

03 金箍棒操

准备材料：音乐《白龙马》、金箍棒

编写教师：高卫红

适应年龄：4～5岁幼儿

一、预备动作　4×8拍

第一八拍动作：立正站好。

第二八拍动作：

动作方法

1—4　立正站好；

5—6　幼儿向右摆头；

7—8　幼儿向左摆头。

第三八拍动作：同第一八拍。

第四八拍动作：同第二八拍。

二、基本部分

第一节　上肢运动　4×8拍

第一八拍动作：

动作方法

开始姿势：幼儿原地立正站好。

1—2　向右侧跨出成前平举；

3—4　上举；

5—6　前平举；

7—8　立正站好。

第二八拍动作：同第一八拍，方向相反。

第三八拍动作：同第一八拍。

第四八拍动作：同第二八拍。

第二节　腿部运动　4×8拍

第一八拍动作：

动作方法

开始姿势：幼儿原地立正站好。

1—2　持棒前平举；

3—4　右脚向右前迈出成右弓箭步，双手持棒向右出棍，同时喊"嘿"；

5—6　收脚立正前平举；

7—8　立正站好。

第二八拍动作：同第一八拍，方向相反。

第三八拍动作：同第一八拍。

第四八拍动作：同第二八拍。

队形变化 2×8拍

第一八拍动作：

动作方法

开始姿势：幼儿立正站好。

1—8 双手持棒，踏步变队；

两组幼儿互换位置。

2—8 双手持棒，原地踏步。

第三节 体侧运动 4×8拍

第一八拍动作：

动作方法

开始姿势：幼儿持棒于胸前立正站好。

1—2　持棒上举；

3—4　出右脚，左腿弯曲，身体向右侧弯曲；

5—6　持棒上举；

7—8　双手持棒于胸前立正站好，手肘弯曲。

第二八拍动作：同第一八拍，方向相反。

第三八拍动作：同第一八拍。

第四八拍动作：同第二八拍。

第四节　下肢运动　4×8拍

第一八拍动作：

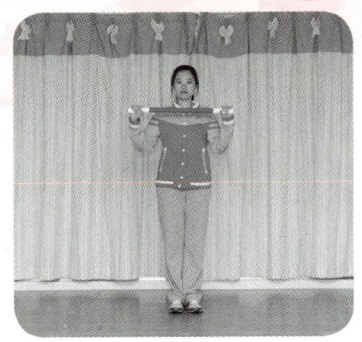 

动作方法

开始姿势:幼儿立正站好。

1—2　持棒于胸前;

3—4　右脚向右迈出,脚跟着地,左腿曲腿,双手持棍同时向右做立棍动作;

5—6　收回放胸前;

7—8　立正站好。

第二八拍动作:同第一八拍,方向相反。

第三八拍动作:同第一八拍。

第四八拍动作:同第二八拍。

队形变化　2×8拍

动作方法

开始姿势:幼儿立正站好。

1—8　双手持棒小跑变回四队；

2—8　双手持棒，原地踏步。

第五节　体转运动　4×8拍

第一八拍动作：

动作方法

开始姿势：幼儿立正站好。

1—2　向右侧跨出成前平举；

3—4　向右转身；

5—6　回成前平举；

7—8　立正。

第二八拍动作：同第一八拍，方向相反。

第三八拍动作：同第一八拍。

第四八拍动作：同第二八拍。

第六节　全身运动　4×8拍

第一八拍动作：

动作方法

开始姿势：幼儿立正站好。

1—2　向右侧跨出成上举；

3—4　俯身、棒触地；

5—6　回成前平举；

7—8　立正。

第二八拍动作：同第一八拍，方向相反。

第三八拍动作：同第一八拍。

第四八拍动作：同第二八拍。

队形变化　2×8拍

第一八拍动作：

动作方法

开始姿势：幼儿立正站好。

第一八拍动作：双手持棒于胸前，1、2队，3、4队面对面，原地踏步。

第二八拍动作：两队面对面原地踏步。

第七节　下蹲运动　4×8拍

第一八拍动作：

动作方法

开始姿势：幼儿立正站好。

1—4　1、3队保持变换队形双手上举，2、4队下蹲；

5—8　2、4队保持变换队形双手上举，1、3队下蹲；

第二八拍动作：同第一八拍，两队交替变换动作。

第三八拍动作：同第一八拍。

第四八拍动作：同第二八拍。

第八节　跳跃运动　4×8拍

第一八拍动作：

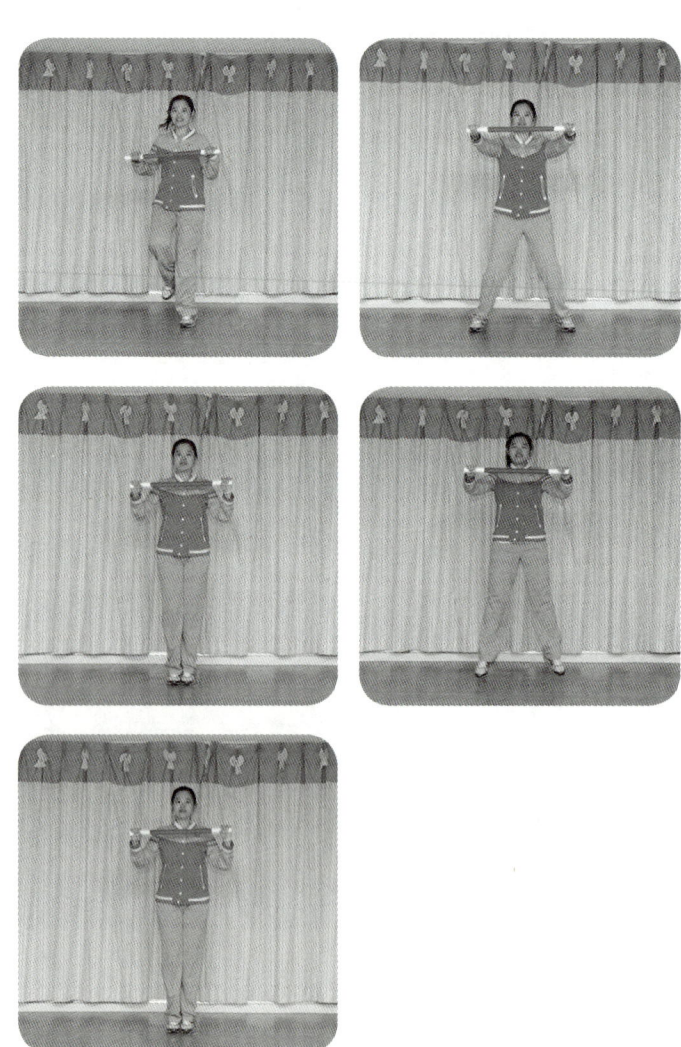

动作方法

开始姿势：幼儿立正站好。

1—4　原地踏步；

5　双手胸前持棍，双脚跳起向两侧分开；

6　双手胸前持棍，双脚跳起合拢；

7　重复第五拍动作；

8　重复第六拍动作。

第二至四八拍动作：同第一八拍。

第九节　整理运动　4×8拍

第一八拍动作：

动作方法

开始姿势：幼儿立正站好。

1—8　右手持棍搭在肩上，原地踏步；

第二至四八拍动作：同第一八拍。

04 毽子操

> 材料准备：音乐《向前冲》、毽子
> 编写教师：刘颖、梅绍华
> 适应年龄：4～5岁幼儿

一、预备动作 2×8拍

第一八拍动作：

动作方法

开始姿势：踏步入场。

第一八拍动作：幼儿单手拿毽子，摆臂踏步入场，走到自己的小点上。

第二八拍动作：同第一八拍。

第三八拍动作：

动作方法

开始姿势：立正站好。

1—8　幼儿双手放在身体两侧，后脚跟踮起做动作，此时适当调整队伍，做踮脚运动。

第四至六八拍动作：同第三八拍。

二、基本部分

第一节　头部运动　2×8拍

第一八拍动作：

动作方法

开始姿势：立正站好。

1—2　双脚并立，双手放在身体两侧，头部向左肩歪；

3—4　头部向右肩歪，其余动作同上；

5—6　头部向下低，其余动作同上；

7—8　头部向后仰，其余动作同上。

第二八拍动作：同第一八拍，方向相反。

第二节　上肢运动　4×8拍

第一八拍动作：

动作方法

开始姿势：立正站好。

1—2 侧迈左脚，双脚打开与肩同宽，双手前平举；

3—4 其余动作保持不动，双手向上举；

5—6 其余动作保持不动，双手从上举回到前平举；

7—8 左脚收回，双脚并齐，双手从前平举回到体前。

第二八拍动作：同第一八拍，方向相反。

第三八拍动作：同第一八拍。

第四八拍动作：同第二八拍。

第三节　上身运动　4×8拍

第一八拍动作：

动作方法

开始姿势：立正站好。

1—2　双脚打开与肩同宽，双手相握举过头顶；

3—4　上身向左侧倾，其余动作不变；

5—6　从左侧倾还原到直立动作；

7—8　双手收回到体前，左脚收回，双脚并立。

第二八拍动作：同第一八拍，方向相反。

第三八拍动作：

动作方法

1—2　左脚侧迈，与肩同宽，双手前平举；

3—4　双脚不动，前平举的双手位置不变，上身向左后转；

5—6　向左后转的上身转回到双臂前平举的位置，其余动作不变；

7—8　双收回体前，左脚收回，保持站立姿势。

第四八拍动作：同第三八拍，方向相反。

第四节　相互合作　4×8拍

第一八拍动作：

动作方法

开始姿势：立正站好。

1—8　幼儿左手举高，右手放低，边踏步边看向左边的同伴。

第二八拍动作：同第一八拍，方向相反

第三八拍动作：同第一八拍。

第四八拍动作：同第二八拍。

第五节　俯背运动　4×8拍

第一八拍动作：

动作方法

开始姿势：立正站好。

1—2　双脚打开，与肩同宽，双手侧平举；

3—4　双脚开立，弯腰用右手摸左脚，左手向后伸；

5—6　换方向，弯腰用左手摸右脚，右手向后伸；

7—8　收回动作，保持直立。

第二八拍动作：同第一八拍，方向相反。

第三八拍动作：同第一八拍。

第四八拍动作：同第二八拍。

第六节　自由踢毽子　2×8拍

第一八拍动作：

动作方法

开始姿势：立正站好。

1—8　幼儿一手提着绳子的一端，然后用左脚自由地踢毽子。

第二八拍动作：同第一八拍，方向相反。

第七节　踢腿运动　4×8拍

第一八拍动作：

动作方法

开始姿势：立正站好。

1—2　左腿向前迈一步，双手拉直毽子的绳子向前平举；

3—4　右腿伸直向上踢，提到毽子的绳子；

5—6　收回右脚到原位；

7—8　左脚收回，双手放下，保持直立姿势。

第二八拍动作：同第一八拍，方向相反。

第三八拍动作：同第一八拍。

第四八拍动作：同第二八拍。

第八节　跳跃运动　4×8拍

第一八拍动作：

动作方法

开始姿势：立正站好。

1—4 幼儿一手拿着绳子的一头，让毽子处于悬空状态，双腿呈跑跳步状态，先吸左腿，用左腿的膝盖触碰毽子；

5—8 幼儿一手拿着绳子的一头，让毽子处于悬空状态，双腿呈跑跳步状态，先吸右腿，用右腿的膝盖触碰毽子。

第二至四八拍动作：同第一八拍。

第九节 自由踢毽子 2×8拍

第一八拍动作：

动作方法

开始姿势：立正站好。

1—8 幼儿一手提着绳子的一端，然后用左脚自由地踢毽子。

第二八拍动作：同第一八拍，方向相反。

第十节 双脚里外踢毽子 2×8拍

第一八拍动作：

动作方法

开始姿势：立正站好。

1—2　幼儿一手拿着绳子的一端，让毽子呈悬空状态，右脚站立，左脚向内踢毽子；

3—4　幼儿一手拿着绳子的一端，让毽子呈悬空状态，右脚站立，左脚向外踢毽子；

5—6　幼儿一手拿着绳子的一端，让毽子呈悬空状态，右脚站立，左脚向内踢毽子；

7—8　幼儿一手拿着绳子的一端，让毽子呈悬空状态，右脚站立，左脚向外踢毽子。

第二八拍动作：同第一八拍，用右脚踢毽子。

第十一节　转圈踢毽子　2×8拍

第一八拍动作：

动作方法

开始姿势：立正站好。

1—8　幼儿用右脚逆时针旋转踢毽子。

第二八拍动作：幼儿用左脚顺时针旋转踢毽子。

第十二节　重复上肢运动　4×8拍

动作同第二节上肢运动。

第十三节　重复跳跃运动　4×8拍

动作同第八节跳跃运动。

第十四节　整理运动　4×8拍

第一八拍动作：

动作方法

开始姿势：立正站好。

1—4　幼儿右手向前平举，左手向左平举，右脚站立，左脚向左侧跨出一步，

5—8　收回动作，保持直立。

第二八拍动作：同第一八拍，方向相反。

第三八拍动作：同第一八拍。

第四八拍动作：同第二八拍。

第十五节　重复踏步动作　2×8拍

动作同预备动作。

第十六节　重复踮脚动作　2×8拍

动作同预备动作。

05 椅子操

材料准备：音乐《花仙子》、椅子

编写教师：刘绰娜

适宜年龄：4～5岁幼儿

一、预备动作（4×8拍）

四个八拍：幼儿随音乐节奏左右摆头。

二、基本部分

第一节　头部运动（4×8拍）

第一八拍动作：

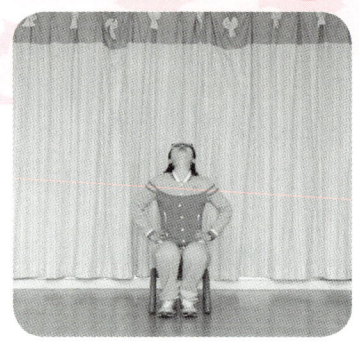

动作方法

开始姿势:双手叉腰,在椅子上坐好。

1—2 低头;

3—4 还原;

5—6 仰头;

7—8 还原。

第二八拍动作:

动作方法

开始姿势：双手叉腰，在椅子上坐好。

1—2　左歪头；

3—4　还原；

5—6　右歪头；

7—8　还原。

第三八拍动作：

动作方法

开始姿势：双手叉腰，在椅子上坐好。

1—8　头顺时针绕一圈。

第四八拍动作：

> 动作方法

开始姿势：双手叉腰，在椅子上坐好。

1—8　头逆时针绕一圈。

第二节　上肢运动（4×8拍）

第一八拍动作：

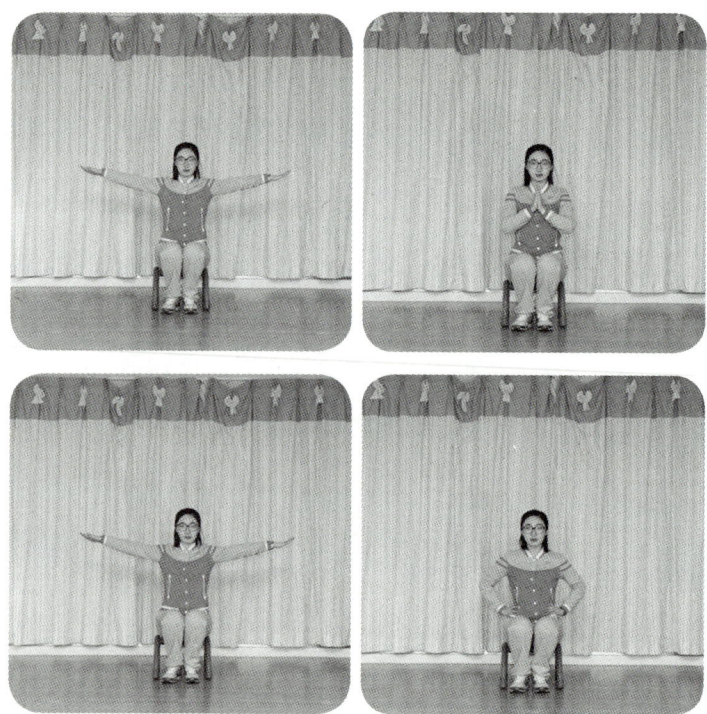

> 动作方法

开始姿势：双手叉腰，在椅子上坐好。

1—2　双臂伸直；

3—4　双手胸前拍手；

5—6　双臂伸直；

7—8　手回腰间。

第二八拍动作：同第一八拍。

第三八拍动作：

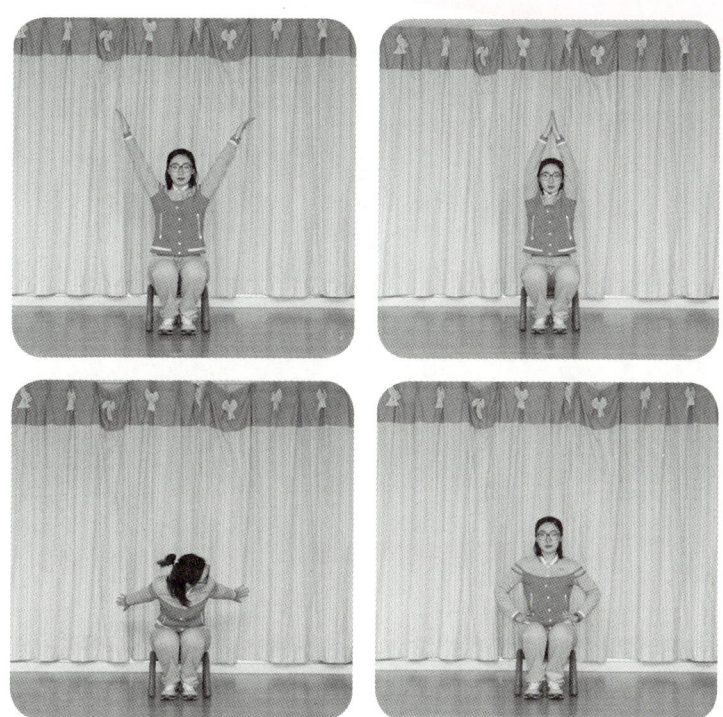

动作方法

开始姿势：双手叉腰，在椅子上坐好。

1—2　双臂上举；

3—4　头上拍手；

5—6　头向左看，双臂向后震手臂；

7—8　手回腰间。

第四八拍动作：同第三八拍，方向相反。

第三节　体侧运动（4×8拍）

第一八拍动作：

动作方法

开始姿势：双手叉腰，在椅子上坐好。

1—8　双手胸前转动。

第二八拍动作：

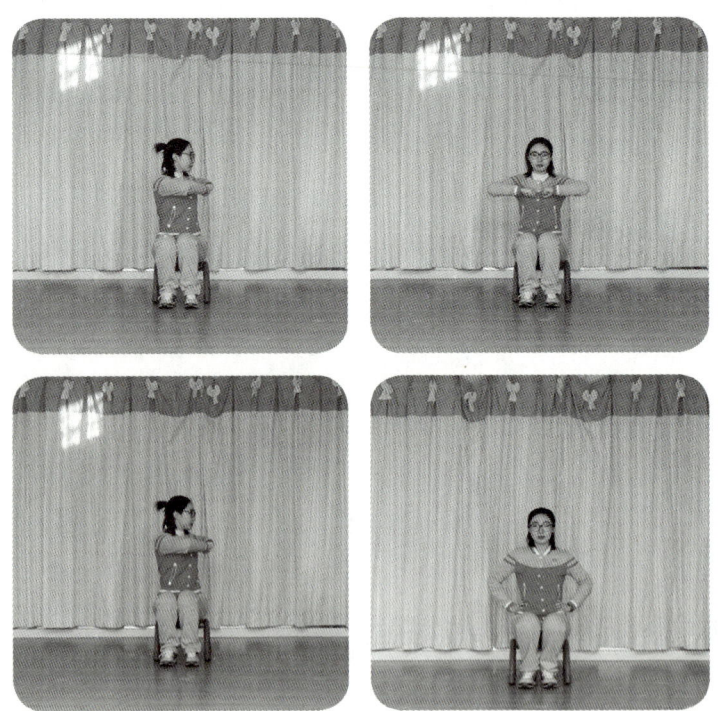

动作方法

开始姿势：双手叉腰，在椅子上坐好。

1—2　曲臂在胸前，身体转向左边，脚不动；

3—4　回正；

5—6　重复1—2拍动作；

7—8　回正。

第三八拍动作：同第一八拍。

第四八拍动作：同第二八拍，方向相反。

间奏（2×8拍）

动作方法

跑跳步站到椅子后面。

第四节　伸展运动　4×8拍

第一八拍动作：

动作方法

开始姿势：双手自然下垂，站在椅子后面。

1—2　左手向前伸，右手扶椅背；

3—4　左手上举；

5—6　垫脚，手由上向下划；

7—8　回正。

第二八拍动作：同第一八拍，方向相反。

第三至四八拍：同前两八拍。

第五节　腹背运动　4×8拍

第一八拍动作：

05 椅子操

动作方法

开始姿势：双手自然下垂，站在椅子后面。

1—4　踏步到椅子侧面；

5—8　踮脚晃头。

第二八拍动作：

动作方法

开始姿势：双手自然下垂，站在椅子侧面。

1—2　双手打开；

3—4　俯身右手触左小腿，左手上举；

5—6　俯身左手触右小腿，右手上举；

7—8　回正。

第三八拍动作：同第二八拍，方向相反。

第四八拍动作：

动作方法

1—4　踏步到椅子后面；

5—8　手回腰间踮脚晃头。

第六节　跳跃运动　4×8拍

第一八拍动作：

开始姿势：双手叉腰，站在椅子后面。

动作方法

1—2　跳一下；

3—4　跳一下；

5—6　跳一下；

7—8　跳一下。

第二至四八拍动作：同第一八拍。

间奏 2×8拍

动作方法

跑跳步到椅子前面并坐好。

第七节 互动一 4×8拍

第一八拍动作：

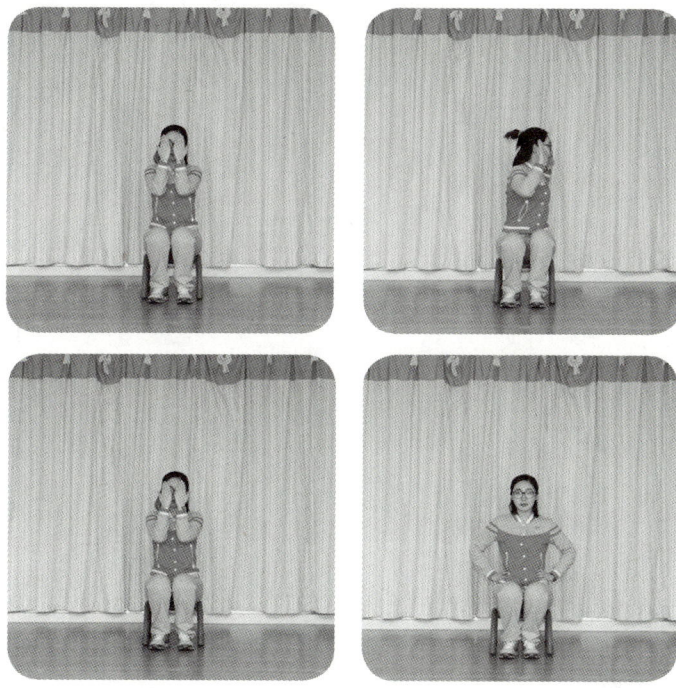

动作方法

开始姿势：双手叉腰，在椅子上坐好。

1—2　双手摆在脸前；

3—4　双手打开与小朋友互动（两队小朋友面对面互动）；

5—6　再双手回脸前；

7—8　回腰间。

第二八拍动作：

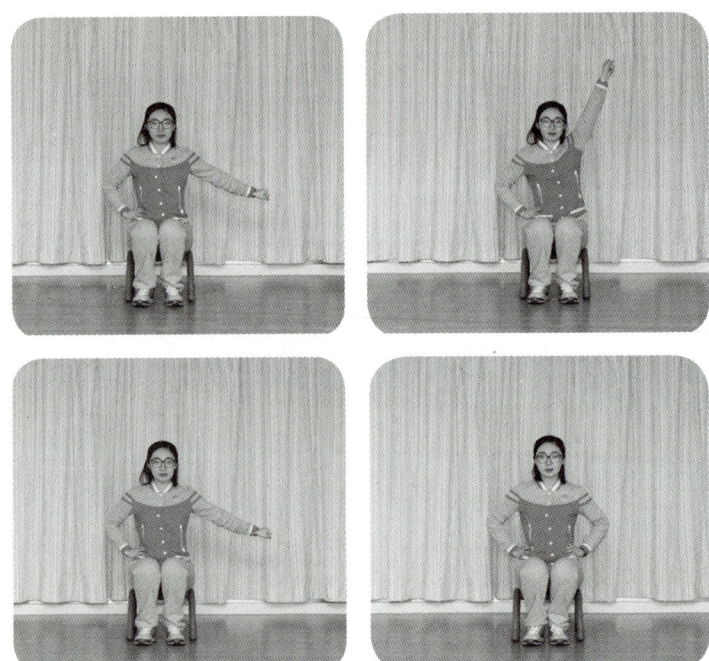

动作方法

1—2　和旁边的小朋友手拉手；

3—4　两个小朋友同时上举手；

5—6　同时放下；

7—8　撒手回腰间。

第三八拍动作：同第一八拍，方向相反。

第四八拍动作：同第二八拍，方向相反。

第八节　互动二　4×8拍

第一八拍动作：

动作方法

开始姿势：双手叉腰，在椅子上坐好。

1—8　边拍手边转向旁边的小朋友（两队面对面）。

第二八拍动作：

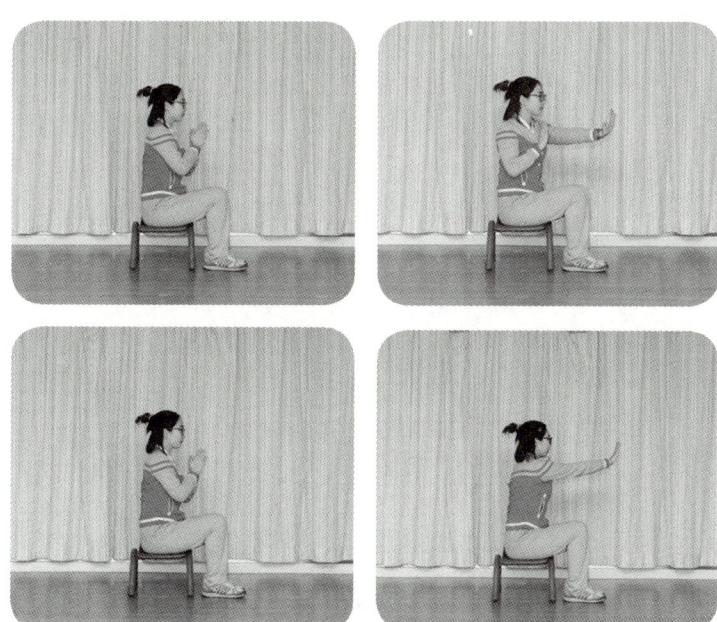

动作方法

1—8　与小伙伴互相交替拍手。

第三八拍动作：

动作方法

1—8　与小伙伴双手对拍。

第四八拍动作：

动作方法

1—8　边拍手边转向正面。

第九节　整理运动　4×8拍

第一八拍动作：

05 椅子操

动作方法

开始姿势：双手叉腰，在椅子上坐好。

1—2 左腿伸直抬起；

3—4 伸直落地；

5—6 右腿伸直抬起；

7—8 伸直落地。

第二八拍动作：

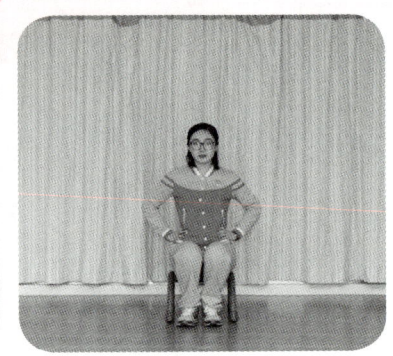

动作方法

1—2 双臂打开伸平；

3—4 俯身手触脚踝；

5—6 起身双臂打开；

7—8 回正。

第三八拍动作：同第一八拍，方向相反。

第四八拍动作：同第二八拍。

第十节 结束部分 2×8拍

动作方法

坐在椅子上手叉腰，左右晃头。

01 京剧脸谱旗操

准备材料：音乐《说唱脸谱》、脸谱旗（人手一支）

编写教师：任咏泽

适宜年龄：5～6岁幼儿

一、预备动作

动作方法

幼儿双手持旗，左右摆头同时压脚跟。动作随音乐节拍，一拍一动。

二、基本部分

第一节　伸展运动　4×8拍

第一八拍动作：

动作方法

1—2　双手持旗前平举，同时向右侧方分腿与肩同宽；

3—4　双手持旗，向右旋转 90 度至身体右侧，眼睛看旗；

5—6　恢复前平举动作；

7—8　双手收旗于胸前，双脚并拢站立。

第二八拍动作：同第一八拍，方向相反。

第三八拍动作：同第一八拍。

第四八拍动作：同第二八拍。

第二节　平举动作　4×8 拍

第一八拍动作：左右摆头双脚压脚跟。

第二八拍动作：

动作方法

2—4　左手持旗，从体前向身体左侧甩旗于侧平举；
5—8　右手体前向右侧打开至头顶呈托掌位亮相。

第三八拍动作：

动作方法

3—4　左腿向斜前方迈出弓步，左手斜上举旗，右手叉腰；
5—8　身体不动，头部左右摆动三次。

第四八拍动作：

动作方法

4—4　左手持旗，从体前向身体左侧甩旗于侧平举；

5—8　右手胸前呈夸奖动作。

间奏　2×8拍

1—8　双手端旗于胸前，准备。

第三节　弓步运动　4×8拍

第一八拍动作：

动作方法

1—2　低头，双手从胸前向前平推旗，右腿弓。步向前，重心前移；

3—4　双手向后收回旗子，重心后移，挺胸抬头，眼睛看前方；

5—6　同1—2拍；

7—8 双手收旗于胸前，挺胸抬头立正站好。

第二八拍动作：同第一八拍，出腿方向相反。

第三八拍动作：

动作方法

1—2 弓步向右侧横向迈出，双手右斜上举旗，眼看前方；

3—4 双手持旗于体前，用旗子挡脸；

5—6 同 1—2 拍；

7—8 收手、收脚挺胸抬头立正站好。

第四八拍动作：同第三八拍，方向相反。

第四节　甩旗运动　3×8拍

第一八拍动作：

动作方法

1—2　右手背后，左手持旗，从体前向身体左侧甩旗于侧平举；

3—4　左手持旗，从左侧上举过头顶，从身体右侧下落；

5—6　同1—2拍；

7—8　同3—4拍。

小提示：第一八拍的动作需要保持连贯，甩旗时要用力，将红旗甩出声音会更显出操节的动作气势。

第二八拍动作：同第一八拍。

第三八拍动作：同第一八拍。

间奏 1×8拍

1—8 每位幼儿向左斜上方举旗，以自己原点为轴心从左向右绕转一周。

第五节 体转动作 4×8拍

第一八拍动作：

动作方法

1—2 双手平举旗，脚下分腿向右跨一步；

3—4 向右后转体90度，眼睛顺势看旗；

5—6 恢复向前的平举动作；

7—8 收手收脚。

第二八拍动作：同第一八拍，方向相反。

第三八拍动作：同第一八拍。

第四八拍动作：同第二八拍。

第六节　平举动作 4×8 拍

动作要求：

与第二节动作相同

过渡动作　1×8 拍

第一八拍动作：

动作方法

1—8　双手持旗于胸前，下蹲将旗平铺放于体前地面上，空手原地起立站直准备。

第七节　踢腿运动　4×8 拍

第一八拍动作：

动作方法

1—4 双臂右煽膀位向上从左侧绕头过体前回到右侧；

5—8 左手单膀从体前向下滑回到左侧平举。

第二八拍动作：

动作方法

1—4 右单腿向前踢平，收回直立；

5—8 头部随乐曲节奏左右摆动两下。

第三八拍动作：同第一八拍，方向相反。

第四八拍动作：同第二八拍，方向相反。

后两拍双手左侧煽膀位，提压双手手腕两下。

过渡动作 2×8拍

第一八拍动作：

动作方法

1—8 拍双手左侧高煽膀位从左绕旗转一圈回原位。

第二八拍动作：

2—8 双手放在左侧煽膀位，提压手腕四次。

间奏 1×8拍

下蹲，双手取旗，右手持旗，左平举准备。

队形变换 4×8拍

第一八拍动作：

动作方法

1—8 左手背后，右手侧平举，用圆场步进行队形变换。

第二至四八拍：完成队形变换的动作。

🔔小提示：队形变化中，外圈幼儿向右转，绕整体队形一大圈；内圈幼儿向左转，绕整体队形一大圈；内外圈幼儿交错行进走圈，各自回到原点。

第八节 重复第一节伸展运动 4×8拍

第九节 重复第二节平举动作 4×8拍

间奏 2×8拍

1—8 双手端旗于胸前；

2—8 准备。

第十节　腹背运动　4×8拍

第一八拍动作：

动作方法

1—4　左手向右斜上方45度角甩旗，右手斜角上举，抬头看出手方向；

5—8　左手向后甩旗，右手斜上45度角后举，俯身低头；

第二八拍动作：同第一八拍。

第三八拍动作：

动作方法

1—4　双脚并拢身体直立，双手举旗挡脸部；

5—8　撤右腿下蹲，双手继续持旗挡脸。

第四八拍动作：

动作方法

1—4　同第三八拍；

5—8　身体起立，双手持旗放于胸前。

第十一节　甩旗运动　4×8拍

动作方法

动作同第四节"甩旗运动"。

🚨小提示：动作需要保持连贯，甩旗时要用力，将红旗甩出声音会更显出操节的动作气势。

第十二节　结束运动　1×8拍

第一八拍动作：

动作方法

1—4　右手背后，左手持旗侧平举；

5—8　左腿向左侧横跨一步，左右手抱拳行礼。

02 筷子操

> 准备材料：表演筷子、音乐《草原赞歌》（音乐编辑成三段式）
>
> 编写教师：张婉婷、吴爽
>
> 适应年龄：5~6岁幼儿

一、预备动作 2×8拍

动作方法

两个八拍相同动作：立正站好，两臂上举，筷子交叉。

二、基本部分

第一节 上肢运动 4×8拍

第一八拍动作：

02 筷子操

开始姿势：幼儿双脚立正站好，两臂上举，筷子交叉。

1—2　右脚迈出与肩同宽，手臂直接前平举，敲击筷子两下；

3—4　上举敲击筷子两下；

5—6　两臂两侧伸平；

7—8　还原。

第二八拍动作：同第一八拍，方向相反。

第三八拍动作：同第一八拍。

第四八拍动作：同第二八拍。

第二节　四肢运动　4×8拍

四个八拍动作相同：

幼儿园快乐健身操

02 筷子操

动作方法

开始姿势：幼儿双脚立正，双手握筷子，在身体两侧自然下垂。

1—2　在体前敲击筷子一下，右臂向右侧平伸，右腿抬起屈膝，左手筷子轻敲屈膝的右腿；

3—4　反向做一次；

5—6　半蹲，双臂屈臂搭肩，再上举；

7—8　半蹲，双臂屈臂搭肩，再上举。

第三节　体转运动　4×8拍

第一八拍动作：

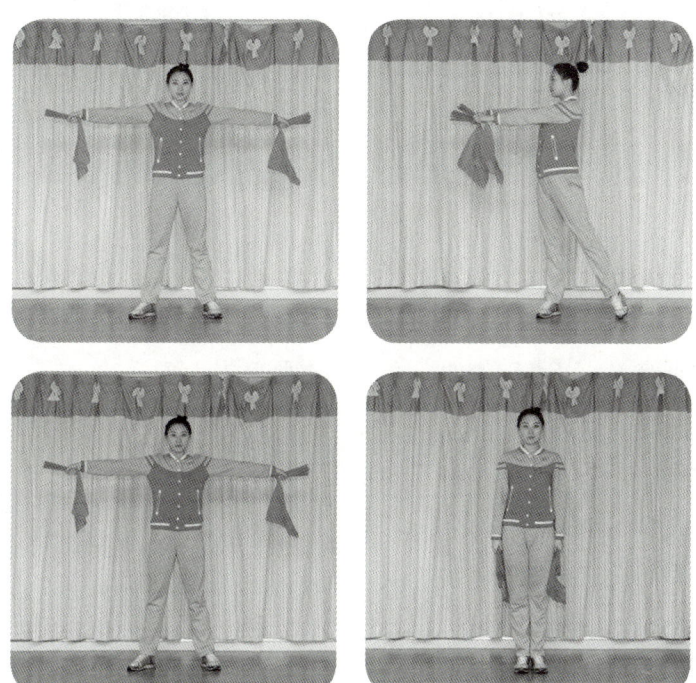

动作方法

开始姿势：双脚立正站好，双手斜上举。

1—2　手臂直接两侧伸平，迈开右腿；

3—4　左臂从下画半圆到右侧，同时身体转向右侧，敲击筷子两下；

5—6　左臂再画半圆，回到左侧，两臂两侧伸平；

179

7—8　还原。

第二八拍动作：同第一八拍，方向相反。

第三八拍动作：同第一八拍。

第四八拍动作：同第二八拍。

第四节　缓冲动作　2×8拍

第一八拍动作：

动作方法

开始姿势：幼儿双脚立正，双手握筷子，在身体两侧自然下垂。

1—6　右脚脚跟着地，左腿弯曲，在身体右侧敲击六下；

7—8　还原。

第二八拍动作：动作同第一八拍，方向相反。

间奏　交替动作　2×8拍

动作方法

开始姿势：幼儿双脚立正，双手握筷子，在身体两侧自然下垂。

第一八拍动作：两队交替。一队撤腿蹲下，筷子敲击地面六下；另一队撤腿站立（或立正站），手臂上举敲击筷子六下。

第二八拍动作：两队动作交换一次。

第五节　全身运动　4×8拍

第一八拍动作：

动作方法

开始姿势：幼儿双脚立正，双手握筷子，在身体两侧自然下垂。

1—4　右腿向右前方45度弓步，左腿蹬直，在右前方45度敲击筷子四下；

5—6　身体重心向后，左腿弯曲，右腿伸直，右脚跟着地，左臂搭肩，右臂向右上方伸直，眼睛看右上方，手臂做射箭动作；

7—8　还原。

第二八拍动作：同第一八拍，方向相反。

第三八拍动作：同第一八拍。

第四八拍动作：同第二八拍。

第六节　队形变换　4×8拍

第一八拍动作：

动作方法

开始姿势：幼儿双脚立正，双手握筷子，在身体两侧自然下垂。

第一八拍动作：两队交换队形。手臂打开成斜直线，昂首挺胸走。

第二八拍动作：

1—6　一队右脚脚跟着地，左腿弯曲，在身体右侧敲击六下，另一队动作相反；

7—8　还原。

第三八拍动作：队形还原，手臂打开成斜直线，昂首挺胸走。

第四八拍动作：

1—6　一队左脚脚跟着地，右腿弯曲，在身体左侧敲击六下，另一队动作相反；

7—8　还原。

第七节　踢腿运动　4×8拍

第一八拍动作：

动作方法

开始姿势：幼儿双脚立正，双手握筷子，在身体两侧自然下垂。

1—2　右腿屈膝抬起，两手筷子在右腿上敲击两下；

3—4　两臂上举，后撤右腿；

5—6　踢右腿，两手臂自然向下摆；

7—8　还原。

第二八拍动作：同第一八拍，方向相反。

第三八拍动作：同第一八拍。

第四八拍动作：同第二八拍。

第八节　缓冲动作　2×8拍

第一八拍动作：

动作方法

开始姿势：幼儿双脚立正，双手握筷子，在身体两侧自然下垂。

1—6　右脚脚跟着地，左腿弯曲，在身体右侧敲击六下；

7—8　还原。

第二八拍动作：同第一八拍，方向相反。

间奏　交替动作　2×8拍

动作方法

开始姿势：幼儿双脚立正，双手握筷子，在身体两侧自然下垂。

第一八拍动作:两队交替。一队撤腿蹲下,筷子敲击地面六下;另一队撤腿站立(或立正站),手臂上举,敲击筷子六下。

第二八拍动作:两队交换一次。

第九节　俯背运动　4×8拍

第一八拍动作:

动作方法

开始姿势:幼儿双脚立正,双手握筷子,在身体两侧自然下垂。

1—2　右脚迈开与肩同宽,手臂伸平;

3—6　俯背敲击筷子,从右下方到左下方,敲击四下(要领:身体俯背自然地从右划到左);

7—8　还原。

第二八拍动作：同第一八拍，方向相反。

第三八拍动作：同第一八拍。

第四八拍动作：同第二八拍。

第十节　四人组合　4×8拍

动作方法

开始姿势：幼儿双脚立正，双手握筷子，在身体两侧自然下垂。

第一八拍动作：四个人为一组，原地转向中心，同时边踏步转身边敲击筷子八下。

第二八拍动作：两臂斜方向打开成一条斜直线，向中心密集走，左手筷子集中在中心上方。

第三八拍动作：逆时针旋转走。

第四八拍动作：边敲击筷子边走回原位。

第十一节　跳跃运动

动作方法

开始姿势：幼儿双脚立正，双手握筷子在体前。

第一八拍动作：开合跳，同时手臂向斜上方举。开，手臂向斜上方举起；合，手臂搭肩；剩下部分根据歌词数拍子：

1. 立正站好，敲击筷子四下。
2. 开合跳，同时手臂向斜上方举。开，手臂向斜上方举起；合，手臂搭肩；跳六下。
3. 立正站好，敲击筷子十下。

第十二节　整理运动　2×8拍

第一八拍动作：

动作方法

开始姿势：幼儿双脚立正，双手握筷子在体前。

1—2　立正站好，手臂前平举；

3—4　上举；

5—6　右臂右侧伸平，左臂向右胸前屈臂，眼睛看右侧；

7—8　还原。

第二八拍动作：同第一八拍，方向相反。

结束动作

动作方法

亮相动作双脚跳着分开，双手斜上举。

03 红绸操

> 准备材料：红绸、音乐《欢乐中国年》
>
> 编写教师：张婉婷
>
> 适应年龄：5～6岁幼儿

一、预备动作　4×8拍

第一至四八拍动作：

动作方法

开始姿势：立正站好，双手背后。

四个八拍动作相同：双手背后，头左右摆动。

二、基本部分

第一节　甩绸子　4×8拍

第一八拍动作：

第二八拍动作：

动作方法

开始姿势：立正站好，双手背后。

第一八拍动作：右脚迈出一步同肩宽，向右斜上方甩绸子四下。

第二八拍动作：身体转向左斜方，向左斜上方甩绸子四下。

第三八拍动作：同第一八拍。

第四八拍动作：同第二八拍。

第二节 头部运动 4×8拍

第一八拍动作:

动作方法

开始姿势:立正站好,双手背后。

1—2 头部向下;

3—4 还原;

5—6 头部向后;

7—8 还原。

第二八拍动作：

动作方法

开始姿势：立正站好，双手背后。

1—2 头部向右；

3—4 还原；

5—6 头部向左；

7—8 还原。

第三八拍动作：同第一八拍。

第四八拍动作：同第二八拍。

第三节 上肢运动 4×8拍

第一八拍动作:

动作方法

开始姿势:立正站好,双手背后。

1—2 右脚迈出一步同肩宽,右臂从胸前打开伸平;

3—4 左臂从胸前打开伸平;

5—6 两手向上交叉,抬头看绸子(头也可以不向上看);

7—8 还原。

第二八拍动作:同第一八拍,方向相反。

第三八拍动作:同第一八拍。

第四八拍动作:同第二八拍。

第四节 四肢运动 4×8拍

第一八拍动作：

动作方法

开始姿势：立正站好，两手自然下垂。

1—2 右臂向后绕一周，眼睛跟随绸子；

3—4 左臂向后绕一周，眼睛跟随绸子；

5—8 将绸子放体前抖三下，同时踏步三下，还原；

第二八拍动作：同第一八拍。

第三八拍动作：同第一八拍，方向相反。

第四八拍动作：同第三八拍。

第五节 踢腿运动 4×8拍

第一八拍动作：

03 红绸操

动作方法

开始姿势：立正站好，两手自然下垂。

1—2 两臂在胸前相对平举绸子，右腿屈膝抬平；

3—4 还原；

5—6 两臂在两侧平举绸子，右腿向上踢；

7—8 还原。

第二八拍动作：同第一八拍，腿部动作方向相反。

第三八拍动作：

动作方法

开始姿势：立正站好，两手自然下垂。

1—2　两臂在胸前相对平举绸子，右腿屈膝抬平；

3—4　还原；

5—6　两臂从胸前交叉，向上打开伸平，右腿向上踢；

7—8　还原。

第四八拍动作：同第三八拍，腿部动作方向相反。

第六节　转体踏步　4×8拍

第一八拍动作：

动作方法

开始姿势：立正站好，两手自然下垂。

1—2　右腿迈出一步同肩宽，右臂从胸前打开伸平；

3—4　收回，将绸子搭在左肩，手臂抬平，左脚向右，左脚并齐；

5—8　向右后方转体踏步一周，还原。

第二八拍动作：继续转体踏步回正。

第三八拍动作：同第一八拍，动作相反。

第四八拍动作：同第二八拍。

第七节　交换队形　4×8拍

第一八拍动作：

动作方法

开始姿势：立正站好，两手自然下垂。

第一八拍动作：将绸子斜方向打开，两队交换位置。

第二八拍动作：两队向右斜上方甩四下绸子（也可一队向左，一队向右，相向甩绸子）。

第三八拍动作：将绸子斜方向打开，两队交换回原位。

第四八拍动作：同第二八拍，方向相反。

第八节　体侧运动　4×8拍

第一八拍动作：

幼儿园快乐健身操

动作方法

开始姿势：立正站好，两手自然下垂。

1—4　立正站好，合并绸子；

5—6　立正站好，双手在下方；

7—8　立正，将绸子上举。

第二八拍动作：

动作方法

开始姿势：立正站好，合并绸子上举。

1—2 向右体侧，右脚脚跟着地，左膝弯曲；

3—4 还原；

5—6 向左体侧，左脚脚跟着地，右膝弯曲；

7—8 还原。

第三八拍动作：

动作方法

开始姿势：立正站好，双手拿绸子在下方。

1—6 踏步、双手在下方；

7—8 立正、将绸子上举。

第四八拍动作：同第二八拍。

第九节 两队交替蹲起 4×8拍

第一八拍动作：

动作方法

开始姿势：立正站好，合并绸子上举。

1—4　一队撤腿、蹲下；另一队立正站好，手臂上举；

5—8　左右摆头各一下。

第二、三八拍动作：两队动作交替。

第四八拍动作：

> 动作方法

起立,将绸子分开,两手拿。

第十节　体转运动　4×8拍

第一八拍动作:

> 动作方法

开始姿势:立正站好,两手自然下垂。

1—2　身体向右转,左臂在胸前抬平,右臂摆在身后;

3—4　身体向左转,右臂在胸前抬平,左臂摆在身后;

5—6　身体转向右侧,屈膝,两臂从胸前打开,伸平,眼睛看右侧;

7—8　还原。

第二八拍动作:同第一八拍,方向相反。

第三八拍动作:同第一八拍。

第四八拍动作:同第二八拍。

第十一节　腹背运动　4×8拍

第一八拍动作：

动作方法

开始姿势：立正站好，两手自然下垂。

1—2　右脚迈出一步同肩宽，右臂从胸前打开伸平；

3—4　左臂从胸前打开伸平；

5—6　弯腰交叉绸子；

7—8　还原。

第二八拍动作：同第一八拍，方向相反。

第三八拍动作：同第一八拍。

第四八拍动作：同第二八拍。

第十二节 并队甩绸子 4×8拍

动作方法

开始姿势：立正站好，两手放体前。

第一八拍动作：一队幼儿原地后踢步，绸子放体前，自然抖动。另一队幼儿也将绸子放体前，自然抖动，并后踢步进队，两队并成一队。

第二八拍动作：都将右脚迈出一步同肩宽，向右斜上方甩四下绸子。

第三八拍动作：动作同第一八拍，后踢步回原位。

第四八拍动作：都将左脚迈出一步同肩宽，向左上斜方甩四下绸子。

第十三节 跳跃运动 4×8拍

第一八拍动作：

动作方法

开始姿势：立正站好，两手放体前。

四名幼儿为一组，后踢步向中心密集。

第二八拍动作：

动作方法

开始姿势：四人面向中心站好，绸子放体前。

1—4　蹲下，绸子放在中间的地上；

5—8　站起来向中心上方甩绸子。

第三八拍动作：同第二八拍。

第四八拍动作：

> 动作方法

开始姿势：四人面向中心站好。

绸子放体前，自然抖动，后踢步跑回原位。

第十四节　交替绕圆走　4×8拍

> 动作方法

开始姿势：立正站好，绸子放体前。

第一、第二八拍动作：一队幼儿蹲下，先右后左摆绸子；另一队幼儿，手臂打开成一条斜线，绕其走一圈。

第三、第四八拍动作：两队动作交换。

第十五节　整理运动　4×8拍

第一八拍动作：

动作方法

开始姿势：立正站好，两手自然下垂。

四个八拍动作相同：

1—2　踏步、两臂前平举；

3—4　踏步、两臂向上举；

5—6　踏步、两臂侧平举；

7—8　踏步、两臂放下。

第十六节　结束运动　1×8拍

动作方法

原地后踢步，在体前抖绸子，一个八拍后亮相。

04 圈操

准备材料：音乐《青春魅力》、小呼啦圈

编写教师：吴爽

适应年龄：5～6岁幼儿

一、预备动作 2×8拍

第一个八拍动作：

动作方法

第一八拍动作：圈放地上，单膝跪地蹲在圈里，后背挺直。

第二八拍动作：

动作方法

开始姿势：单膝跪地蹲在圈里，后背挺直。

1—2　双手由下至上画圈；

3—4　同上；

5—6　同上；

7—8　双手由下至上画圈至身体两侧放好，身体站直。

二、基本部分

第一节　头部运动　4×8拍

第一八拍动作：

04 圈操

动作方法

开始姿势：双手自然垂放身体两边，立正站好，眼看前方。

1—2　双手叉腰，双脚并拢，头部前屈；

3—4　还原；

5—6　后仰；

7—8　还原。

第二八拍动作：

动作方法

开始姿势：双手叉腰，立正站好，眼看前方。

1—2　双手叉腰，双脚并拢，头部右屈；

3—4　还原；

5—6　左屈；

7—8　还原。

第三八拍动作：

动作方法

开始姿势：双手叉腰，立正站好，眼看前方。

1—7　头部顺时针绕一圈，

8　还原。

第四八拍动作：同第三八拍，方向相反。

间奏 2×8拍

动作方法

开始姿势：双手叉腰，立正站好，眼看前方。

1—8 双手叉腰，后退出圈，立正站好，蹲下，双手拿起圈自然下垂，圈自然放在双腿前，立正站好。

第二八拍动作：立正站好，双手下垂，圈自然放在双腿前，后脚跟点地。

第二节 伸展运动 4×8拍

第一八拍动作：

动作方法

开始姿势：双臂下垂，双手持圈，自然放在双腿前。

1—2　双脚并拢，提踵，双手持圈，双臂向前伸直；

3—4　还原；

5—6　重复1—2拍的动作；

7—8　还原。

第二八拍动作：

动作方法

开始姿势：双臂下垂，双手持圈自然放在双腿前。

1—2　右脚向右迈一步，双手持圈，双臂向前伸直；

3—4　双臂上举伸直；

5—6　动作同1—2拍；

7—8　还原。

第三八拍动作：同第一八拍。

第四八拍动作：同第二八拍，方向相反。

第三节　体侧运动　4×8拍

第一八拍动作：

动作方法

开始姿势：双臂下垂，双手持圈自然放在双腿前。

1—8　双手持圈，双臂下垂伸直，用圈击打腿部。

第二八拍动作：

动作方法

开始姿势：双臂下垂，双手持圈自然放在双腿前。

1—2　迈右脚，脚跟点地，身体向右侧倾斜，双手持圈右侧平举；

3—4　还原；

5—6　动作同1—2拍，方向相反；

7—8　还原。

第三八拍动作：同第一八拍。

第四八拍动作：同第二八拍，方向相反。

第四节　体转运动　4×8拍

第一八拍动作：

动作方法

开始姿势：双手持圈，贴于胸前，立正站好，眼看前方。

1—2　右脚向右迈一步，双手持圈前平举；

3—4　双臂上举；

5—6　身体向右侧转，圈套在头上，双腿弯曲变成弓箭步；

7—8　还原。

第二八拍动作：同第一八拍，方向相反。

第三八拍动作：同第一八拍。

第四八拍动作：同第二八拍。

第五节　跳跃运动　4×8拍

第一八拍动作：

动作方法

开始姿势：双臂下垂，双手持圈自然放在双腿前。

1—4　蹲下，把圈放在地上；

5—8　双手叉腰，在圈后站好。

第二八拍动作：

动作方法

开始姿势：双手叉腰，在圈后站好。

1—2　双手叉腰，双脚跳进圈内；

3—4　双手叉腰，从圆圈内跳出；

5—6　动作同 1—2 拍；

7—8　动作同 3—4 拍。

第三八拍动作：

动作方法

开始姿势：双手叉腰，在圈后站好。

1—8　边拍手边从右至左绕圈走一周。

第四八拍动作：

动作方法

开始姿势：站在圈后，双臂自然下垂站好。

1—4　蹲下双手拿起圈；

5—8　双手持圈贴于胸前，立正站好。

第六节　踢腿运动　4×8拍

第一八拍动作：

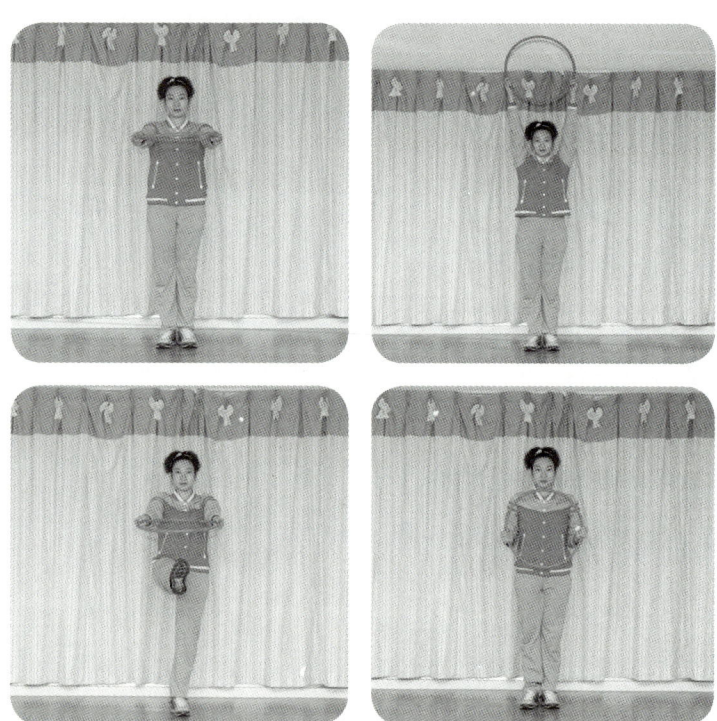

动作方法

开始姿势：双手持圈贴于胸前，立正站好。

1—2　双脚立正，双手持圈前平举；

3—4　双臂伸直头上举；

5—6　踢右腿同时双臂从上至下用圈拍打右腿；

7—8　还原。

第二八拍动作：同第一八拍，方向相反。

第三八拍动作：同第一八拍。

第四八拍动作：同第二八拍。

第七节　变换队形　4×8拍

第一八拍动作：

动作方法

开始姿势：双手持圈贴于胸前，立正站好。

1—8　左右两队幼儿面对面踏步走到中间点。

第二八拍动作：

动作方法

开始姿势：两人面对面站好，圈对在一起。

1—4　两人面对面同时蹲下；

5—8　两人同时起立。

第三八拍动作：

动作方法

开始姿势：两人面对面站好。

1—8　两人踏步转圈一周。

第四八拍动作：

动作方法

开始姿势：两人面对面站好，圈对在一起。

1—8　幼儿踏步，左队插到右队的后面，双手持圈放于胸前。

第八节　双手交替持圈　4×8拍

第一八拍动作：

动作方法

开始姿势：双脚并拢，双手持圈，双臂贴于胸前。

1—2　两臂侧平举，右手持圈；

3—4　双臂头上举，双手共同持圈；

5—6　两臂侧平举，左手持圈；

7—8　双手持圈，双臂贴于胸前。

第二八拍动作：同第一八拍。

第三八拍动作：同第一八拍。

第四八拍动作：

动作方法

开始姿势：双脚并拢，双手持圈，双臂贴于胸前。

1—8　双手持圈，双臂贴于胸前，刚才插队的踏步走回原位。

第九节　腹背运动　4×8拍

第一八拍动作：

动作方法

开始姿势：双脚并拢，双手持圈，双臂贴于胸前。

1—2 幼儿右腿向右迈一步，双手持圈双臂前平举；

3—4 双臂持圈，上举伸直；

5—6 腹背，身体呈 90 度角弯腰；

7—8 还原。

第二八拍动作：同第一八拍，方向相反。

第三八拍动作：同第一八拍。

第四八拍动作：同第二八拍。

第十节 整理运动 2×8 拍

第一八拍动作：

动作方法

开始姿势：双手持圈贴于胸前，立正站好。

1—8 双脚踏步，双手持圈位于胸前做左右开车状。

第二八拍动作：

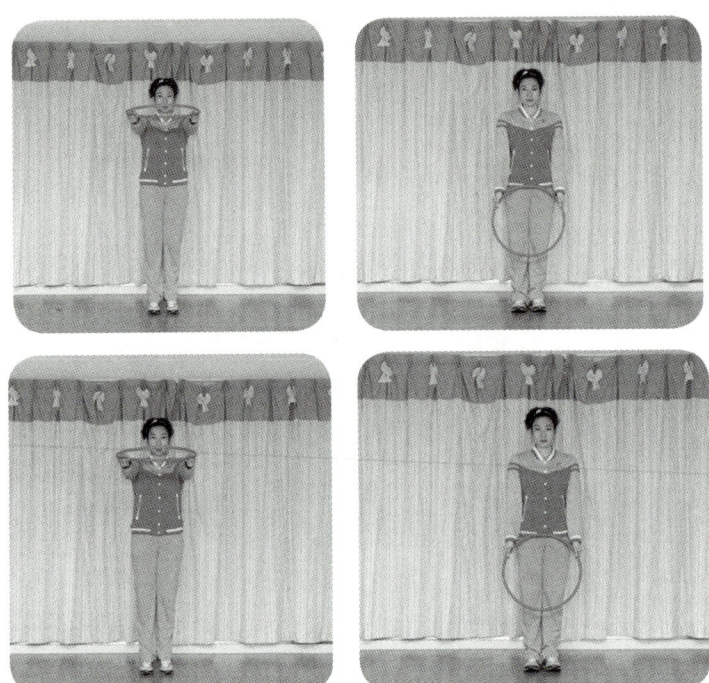

动作方法

开始姿势：双脚并拢，双手持圈，双臂贴于胸前。

1—2 双脚并拢，提踵，双手持圈双臂前平举；

3—4 还原；

5—6 重复 1—2 拍的动作；

7—8 还原。

05 幼儿形体操

> 准备材料：音乐《萤火虫》与《兰花草》剪接版、体操垫
> 编写教师：李菲、董沫菡
> 适应年龄：5～6岁幼儿

一、预备动作　1×8拍

旁双按手，正步位站，平视前方。

二、基本部分

第一节　头部运动　4×8拍

第一八拍动作：

动作方法

1—4　旁双按手，头部从右下、抬头、左下、低头绕一圈；

5—8　双臂侧大波浪，脚下小碎步。

第二八拍动作：同第一八拍，方向相反。

第三八拍动作：

动作方法

1—2　右手从体前绕一圈，肘关节弯曲，掌心向上端平；

3—4　左手从左侧盖过来，双手掌心合实；

5—8　双手合实从右至下绕一圈，头随手绕一圈同时屈膝。

第四八拍动作：同第三八拍，方向相反。

第二节　上肢运动　4×8拍

第一八拍动作：

动作方法

1—2　右手翻腕至上位，眼看手；

3—4　左手翻腕至上位，眼看手；

5—8　右脚向前迈一步，收左脚，同时双臂向两侧打开。

第二八拍动作：同第一八拍，方向相反。

第三八拍动作：

🌸 动作方法

1—2 芭蕾手位二位；

3—4 芭蕾手位三位；

5—6 芭蕾手位四位，眼随手动；

7—8 芭蕾手位五位，眼随手动。

第四八拍动作：

🌸 动作方法

1—2 芭蕾手位六位，眼随手动；

3—4 芭蕾手位七位，眼随手动；

5—8 收回至一位手。

间奏　1×4拍

面对面跪坐于垫上，旁双按手。

第三节　腰部运动（跪立下后腰）4×8拍

第一八拍动作：

05 幼儿形体操

动作方法

1—4　跪坐，双手经身体两侧至三位手；

5—6　双手原路返回；

7—8　左手向后撑住，右手上举，眼看手。

第二八拍动作：

动作方法

1—4　右手向后绕半圈扶脚，左手向前绕半圈至上位，同时跪立；

5—6　保持不动；

7—8　回跪坐。

第三八拍动作：同第一八拍，方向相反。

第四八拍动作：同第二八拍，方向相反。

间奏　1×8拍

坐于垫上，双腿向两侧打开呈横叉，双手放身前，绷脚。

第四节　勾绷脚　4×8拍

第一、二八拍动作：

动作方法

1—4　双脚同时勾脚；

5—8　双脚同时绷脚；

第三、四八拍动作：

动作方法

1—4　左脚不动，右脚勾，同时右倾头；

5—8　右脚不动，左脚勾，同时左倾头。

第五节　柔韧练习（横叉压旁腿）4×8拍

第一、三八拍动作：

动作方法

1—2　双手旁平位；

3—4　侧腰压旁腿（向右）；

5—6　双手旁平位；

7—8　双手收回体前。

第二、四八拍动作方向相反。

间奏　1×8拍

双腿向前伸直，双手向后撑地。

第六节 腿部运动（吸伸腿） 4×8拍

第一、三八拍动作：

动作方法

1—2　主力腿保持不动（左），吸右腿；

3—4　主力腿保持不动（左），右腿向上伸直；

5—6　主力腿保持不动（左），右腿吸回；

7—8　回原位。

第二、四八拍动作方向相反。

间奏　5×8拍

第一八拍动作：

动作方法

1—8　两人面对面跪趴于垫上。

第二、四八拍动作：

动作方法

1—8　踢右后腿两次。

第三八拍动作：同第二八拍，方向相反。

第五八拍动作：起身，四人面对面，脚下小八字位站立。

第七节　跳跃运动（小跳）4×8拍

第一八拍动作：

动作方法

1—4　双手叉腰，脚下小八字跳连续四次，同时四人面对面；

5—6　半蹲；

7—8　小八字位站。

第二八拍动作：

05　幼儿形体操

🌸动作方法🌸

1—4　双手叉腰，脚下小八字跳连续四次，同时四人面对面；

5—6　半蹲；

7—8　右脚打开至大八字位。

第三八拍动作：

🌸动作方法🌸

1—4　双手叉腰，大八字跳连续四次，同时四人面对面；

5—6　半蹲；

7—8　大八字位站。

第四八拍动作：

动作方法

1—4　双手叉腰，大八字跳连续四次，同时四人面对面；

5—6　半蹲；

7—8　右脚收回至小八字位。

第八节　整理运动　4×8拍

第一八拍动作：

  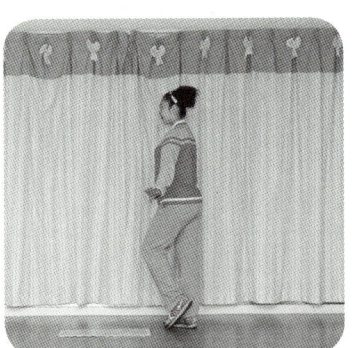

05 幼儿形体操

动作方法

1—8 旁双按手,踏点步。两人绕圈走。

第二八拍动作,走回到原位。

第三、四八拍动作:

动作方法

1—4　双腿分开左右摆胯，同时双手交叉由下至上。

5—8　手腕花同时向两侧打开。

第九节　结束运动

幼儿自由摆造型。

06 篮球操

> 准备材料：音乐《红星闪闪》、篮球
> 编写教师：李菲、章楠
> 适应年龄：5～6岁幼儿

一、预备动作　1×8拍+2拍

面向后，右腿半蹲，左腿跪膝，右手抱球于腰间，左手背后。

二、基本部分

第一节　头部运动　2×8拍

第一八拍动作：

动作方法

1—2　左臂伸直上举，五指分开，右手抱球于腰间，同时头向上抬；

3—4　左臂划至侧平举，五指分开，右手抱球于腰间，同时头向左转；

5—6　立正站起，左手叉腰，右手抱球于腰间，同时低头；

7—8　右腿向右迈一步，右手抱球于腰间，同时头向上抬。

第二八拍动作：

动作方法

1—2　原地从右侧跳身面朝前站，右手抱球于腰间，左手背后，头摆正；

3—4　向右侧摆头，右手抱球于腰间；

5—6　双手持球向前伸直；

7—8　收回于胸前。

第二节　上肢运动　4×8拍

第一、三八拍动作：

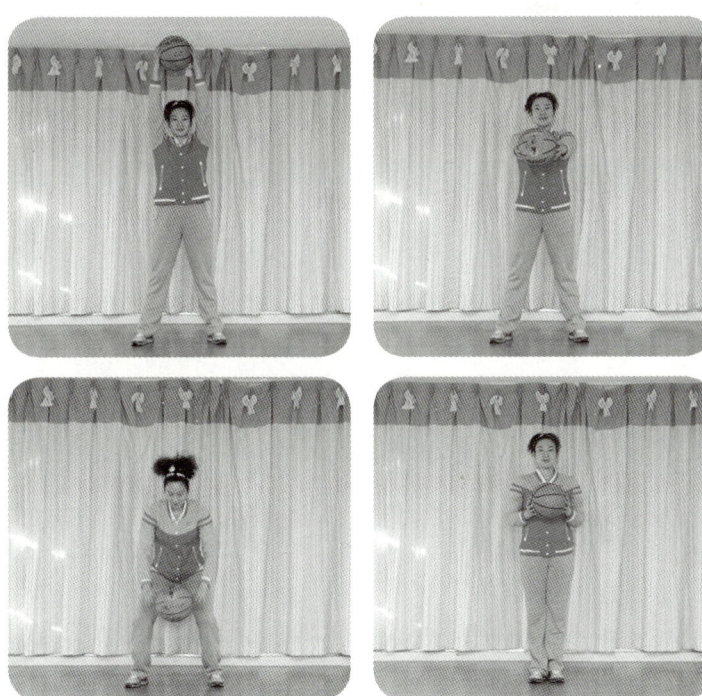

动作方法

1—2 向右迈腿双手持球举过头顶；

3—4 双手持球于胸前；

5—6 双手同时拍球一次；

7—8 收回。

第二、四八拍动作方向相反。

第三节 单手拍球 4×8拍

第一、三八拍动作：

动作方法

1—6 右手拍球，左手背后，双腿自然分开；

7—8 收回。

第二、四八拍动作方向相反。

变队形 2×8拍

第一八拍动作：

06　篮球操

动作方法

1—8　双手持球于胸前，踏步，两队变为一队。

第二八拍动作：

动作方法

1—2　双手持球右（左）斜上举，同时右（左）脚勾脚迈出（两队同时做动作，但方向相反）；

3—4　收回；

5—6　反方向；

7—8　收回。

间奏　1×8拍

左手敬礼，右手抱球于腰间，踏步，回原位。

第四节 体侧运动 4×8拍

第一、三八拍动作:

动作方法

1—2 右腿向右侧一步,同时双手抱球前平举;

3—4 双手抱球上举;

5—6 双手抱球右侧倾，右脚勾起，左腿微屈；

7—8 收回。

第二、四八拍动作方向相反。

第五节 体转运动 4×8拍

第一、三八拍动作：

1—2 右手抱球于腰间，左手叉腰，向右侧迈腿；

3—4 向右侧转身；

5—6 转正；

7—8 收回。

第二、四八拍动作方向相反。

第六节 腹背运动 4×8拍

第一、三八拍动作：

动作方法

1—2　双手持球举过头顶，向右侧迈腿；

3—6　从右至左转一圈；

7—8　收回。

第二、四八拍动作方向相反。

过门　围拢变队形　4×8拍

第一、三八拍动作：

动作方法

1—8 双手持球,四人相对,举球在头顶聚拢。

第二、四八拍动作:

动作方法

2—8 双手持球,四人退回原位,球回胸前。(4拍转身,双手持球回正)

第七节　下蹲运动　4×8拍

第一、三八拍动作:

动作方法

1—6　下蹲单手拍球。另一组1—8左手敬礼，右手抱球于腰间，围其绕圈；

7—8　起立。

第二、四八拍两队交换动作。

第八节　踢腿运动　4×8拍

第一、三八拍动作：

动作方法

1—2　右脚向后退一步脚尖点地，双手持球举过头顶；

3—4　右腿向前踢，双手持球于右腿外侧；

5—6　同1—2动作；

7—8　回正。

第二、四八拍动作方向相反。

第九节　跳跃运动　4×8拍

第一八拍动作：

动作方法

1—8　双手拍球，双脚开合跳。

第二八拍动作：

动作方法

2—4　双手持球，双脚连续跳；

5—6　双手持球右斜上举，模仿扔炸弹动作；

7—8　收回。

第三、四八拍动作同第一、二八拍动作。

间奏　1×8拍+2拍

右手抱球于腰间，左手敬礼，原地踏步。

第十节　整理运动　6×8拍

第一、二八拍动作：

动作方法

1—8　2—8　双手持球，在胸前画圆，脚下滚动步。

第三八拍动作：

06 篮球操

动作方法

1—4 双手持球，向上荡球，右脚向前迈一步；

5—8 双手持球，向下荡球，右脚收回；

第四八拍动作同第三八拍动作，方向相反。

第五八拍动作：

动作方法

1—4　双手持球，向右上荡球，右脚向右迈一步；

5—8　双手持球，向右下荡球，右脚收回。

第六八拍动作同第五八拍动作，方向相反。

第十一节　结束运动　2×8拍

右手抱球于腰间，左手敬礼，原地踏步。

07 中国结操

> 准备材料：音乐《拜新年》、中国结
>
> 编写教师：董沫菡
>
> 适应年龄：5~6岁幼儿

一、预备动作 2×8拍

左腿跪立，双手拿中国结，上举低头。

前奏 4×8拍+2×8拍

第一、二八拍动作：

···255···

幼儿园快乐健身操

🌸 动作方法

左腿跪立，双手拿中国结，上举低头。

第三、四八拍动作：

🌸 动作方法

1—8　慢慢抬头，双手绕腕，从身体两侧打开；

1—4　慢慢抬头，双手绕腕，从身体两侧打开；

5—6　起身，立正；

7—8　双手手腕搭腰，正部位。

第一、二八拍动作：

女

男

动作方法

1—4　正部位颤膝，双手手腕搭腰；
5—8　正部位屈膝，双手前后交替绾花（女生），双手身体前交替提压腕（男生）。

二、基本部分

第一节　头部运动　4×8拍

第一、三八拍动作：

动作方法

1—2　双手叉腰，低头；

3—4　双手叉腰，头还原；

5—6　双手叉腰，仰头；

7—8　双手叉腰，头还原。

第二、四八拍动作：

动作方法

1—2　双手叉腰，右倾头；

3—4　双手叉腰，头还原；

5—6　双手叉腰，左倾头；

7—8　双手叉腰，头还原。

第二节　上肢运动　4×8拍

第一、三八拍动作：

动作方法

1—2　右脚脚跟点地，右臂斜上举手拿中国结，左手叉腰；

3—4　腿还原；

5—6　左脚脚跟点地，左臂斜上举手拿中国结，右手叉腰；

7—8　腿还原。

第二、四八拍动作：

动作方法

1—4　颤膝，左手手腕搭腰，右手从身体前到后晃手一圈（女生兰花指；男生掌位）。

5—8　颤膝，右手手腕搭腰，左手从身体前到后晃手一圈（女生兰花指；男生掌位）。

第三节　扩胸运动　4×8拍

第一、二八拍动作：

动作方法

1—2　右手拿中国结，屈臂于胸前，扩胸一次；

3—4　右手拿中国结，屈臂于胸前，扩胸一次；

5—6　右手拿中国结，双臂打开做侧平举动作；

7—8　立正位。

第三、四八拍动作：

动作方法

1—2　右脚向前弓箭步，屈臂于胸前，扩胸一次；

3—4　右臂侧平举，左臂屈臂于胸前；

5—6　左臂侧平举，右臂屈臂于胸前；

7—8　立正位。

间奏 2×8拍

第一、二八拍动作：

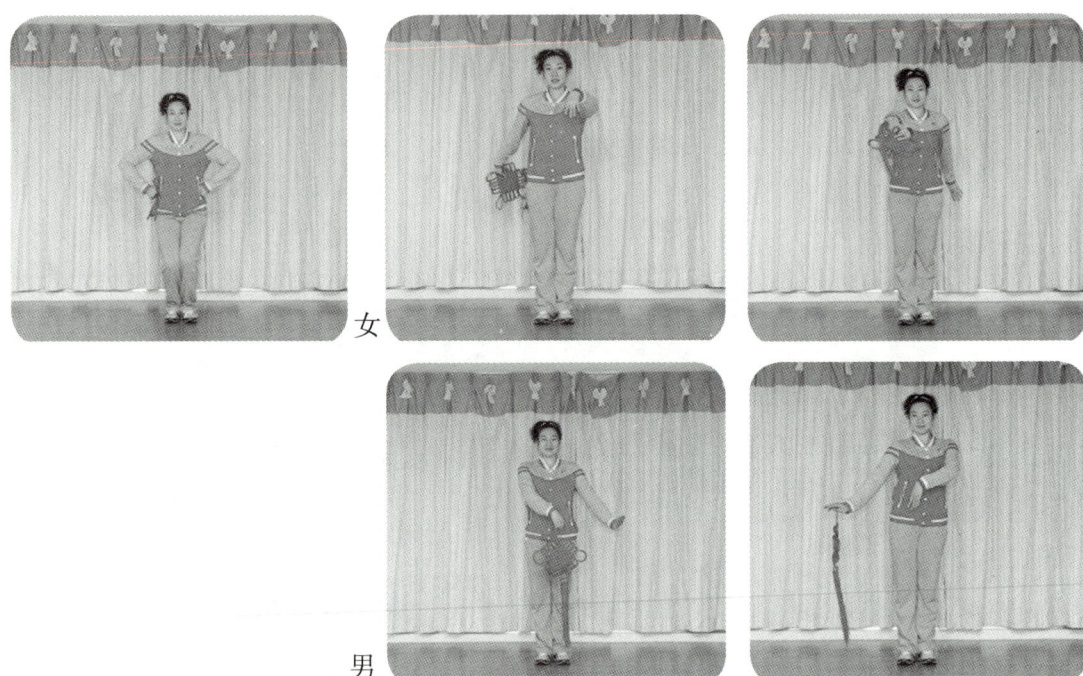

女

男

动作方法

1—4 正部位颤膝，双手手腕搭腰；

5—8 正部位屈膝，双手前后交替绾花（女生），双手身体前交替提压腕（男生）。

第四节 体转运动 4×8拍

第一、二八拍动作：

动作方法

1—2　正部位屈膝，上身微微右转，双手右侧拿中国结；

3—4　身体立正，站直，双手提前拿中国结；

5—6　正部位屈膝，上身微微左转，双手左侧拿中国结；

7—8　身体立正，站直，双手提前拿中国结。

第三八拍动作：

动作方法

1—2　双手拿中国结，前平举，同时迈开右脚；

3—4 右后转体，眼随手；

5—6 身体转向前，双臂前平举；

7—8 收手至胸前，收脚。

第四八拍动作：同第三八拍，方向相反。

第五节 踢腿运动 4×8拍

第一、三八拍动作：

动作方法

1—2 双臂前平举，右脚向前迈一步，双手拿中国结；

3—4 双臂前平举，踢左腿，双手拿中国结；

5—6 收回左腿，双臂保持前平举；

7—8 右脚、双臂同时收回，立正站好。

第二、四八拍动作：同第一、三八拍，方向相反。

第六节　俯背运动　4×8拍

第一八拍动作：

动作方法

1—2　右脚右侧迈一步，双手拿中国结，屈臂于胸前；

3—6　双手从胸前向下、到前、到上画一个半圆；

7—8　收回，立正站好。

第二八拍动作：同第一八拍，方向相反。

第三八拍动作：

动作方法

1—2　双手拿中国结，同时上身向右转45度；

3—6　双手从胸前向下、到前、到上画一个半圆；

7—8　收回，立正站好。

第四八拍动作：同第三八拍，方向相反。

第七节　全身运动　4×8拍

第一、二八拍动作：

动作方法

1—8　单数队蹲，双数队右手举中国结绕一圈。

第三、四八拍动作：

动作方法

1—8　双数队蹲,单数队右手举中国结绕一圈。

第八节　跳跃运动　4×8拍

第一、二八拍动作:

动作方法

1—4　前后两人面对面,原地后跳踢步,双手搭腰;

5—6　右双晃手,6蹲一下;

7—8　左双晃手,8蹲一下。

第三八拍动作：

动作方法

1—4　前后换位置，行进后跳踢步，双手搭腰；

5—6　右双晃手，6蹲一下；

7—8　左双晃手，8蹲一下。

第四八拍动作：

动作方法

1—4　回原位,行进后跳踢步,双手搭腰;

5—6　右双晃手,6 蹲一下;

7—8　左双晃手,8 蹲一下。

第九节　整理运动　5×8 拍

第一八拍动作:

动作方法

1—8　圆场步两侧分开,右左交替双晃手,单数向左,双数向右。

第二八拍动作：

动作方法

1—2　圆场步回原位，右侧双晃手。
3—4　圆场步回原位，左侧双晃手。
5—6　圆场步回原位，右侧双晃手。
7—8　圆场步回原位，左侧双晃手。

第三、四八拍动作：

动作方法

1—2 双手经身体两侧到身体前做双盖手；

3—4 双手经撩手至右顺风旗；

5—6 双手身体前做双盖手；

7—8 双手经撩手至左顺风旗。

第五八拍动作：

动作方法

1—8 圆场步向后转下场，双手右左交替双晃手。

第六八拍动作：

1—7 双手胸前拿中国结，上场；

8 双手拿中国结上举，双脚分开，向上跳一下。